Ich wünsche dir viel Spaß und Freude beim Ausprobieren der Rezepte!
Sally

Sallys Türkische Küche

Mediterrane und orientalische
Rezepte für jeden Tag

Saliha Özcan

Inhalt

ABKÜRZUNGEN

g	=	Gramm
kg	=	Kilogramm
ml	=	Milliliter
EL	=	Esslöffel
TL	=	Teelöffel
Msp.	=	Messerspitze
P.	=	Päckchen
Min.	=	Minuten
Std.	=	Stunden
O/U	=	Ober-/Unterhitze

LEGENDE

	=	Portionen/Menge
	=	Menge
	=	Zubereitungszeit
	=	Backzeit
	=	Kochzeit/Garzeit
	=	Wartezeit
	=	Kühlzeit

Besuch der Altstadt Side

Auf dem Bazar in Manavgat

1
2

In der Altstadt
Antalyas „Kaleiçi"

Vorwort

Liebe Leserin, lieber Leser,

in deiner Hand hältst du mein viertes Rezeptbuch. Im Jahr 2012 lud ich mein erstes Rezeptvideo auf meinem YouTube Kanal „Sallys Welt" hoch und drehe seither regelmäßig Koch- und Backvideos. Ich bin eigentlich keine ausgebildete Köchin oder Bäckerin, sondern Grundschullehrerin. Dieses Buch ist mir besonders wichtig, da viele meiner Lieblingsrezepte aus der türkischen Küche darin Platz finden und es etwas über meine Herkunft verrät.

Meine Eltern stammen beide aus der Türkei und kamen in der Hoffnung auf ein besseres Leben nach Deutschland. Mein Papa, der gebürtig aus Konya stammt, kam als Gastarbeiter im Jahr 1969 nach Deutschland. Meine Mama reiste gemeinsam mit ihren Schwestern im Jahr 1970 als Töchter eines Gastarbeiters ein.

Meine Eltern lernten sich in Deutschland kennen und heirateten schließlich im Jahr 1974. Ich habe zwei Schwestern und zwei Brüder und bin das vierte von fünf Kindern. Wir alle besuchten in Deutschland die Schule und ich lernte während der Schulzeit, kurz vor dem Abitur, meine große Liebe Murat kennen. Kurze Zeit später heirateten wir.

Für mich war es schon während der Kindheit und Jugend von Vorteil, zwischen zwei Kulturen aufzuwachsen. Ich bin mit zwei Muttersprachen und zwei Esskulturen groß geworden: Deutsch und Türkisch. Dafür bin ich heute sehr dankbar. Während bei meinen Eltern und auch im Urlaub bei Verwandten überwiegend türkisch gekocht wurde, lernte ich bei meinen Freunden hautnah deren unterschiedliche Kulturen und Essgewohnheiten kennen.

Als Kind zwischen zwei Kulturen konnte ich mir immer das Beste aus beiden Kulturen aussuchen: die türkische Gastfreundschaft, die deutsche Pünktlichkeit, die türkische Leichtigkeit und Gelassenheit, die deutsche Zuverlässigkeit und natürlich die abwechslungsreichen Rezepte der türkischen Küche.

Für meine Eltern ist Deutschland zum Heimatland geworden. Dort haben sie ihre Existenz aufgebaut und eine Familie gegründet. Dennoch ist es immer schön, gemeinsam mit meinen Eltern, in die Türkei zu reisen, die Familie zu besuchen und auf der Suche nach unseren Wurzeln das wunderschöne Land zu erkunden.

Nun hoffe ich, dass dir meine Rezeptauswahl gefällt.

Ich wünsche dir viel Freude beim Zubereiten der Rezepte und einen guten Appetit.

Deine Sally

In der Altstadt
Antalyas „Kaleiçi"

Was nun? Türkische, mediterrane oder orientalische Küche?

Genau diese Frage habe ich mir auch gestellt, als ich die Rezepte für das Buch zubereitete und schlussendlich einen Titel suchte. Nenne ich das Buch „Sallys türkische Küche“, dann erheben sich alle Griechen, Libanesen, Araber, Bulgaren, Bosnier und andere Nationen und sagen zurecht: „Nein, das sind Rezepte aus unserem Land.“ Nenne ich das Buch „mediterran“, ist es ebenfalls nicht zutreffend, da viele Rezepte nicht aus dem Mittelmeerraum stammen, sondern arabische oder europäische Einflüsse haben. Auch „orientalisch“ wäre nicht ganz korrekt. Also entschloss ich mich, das Buch einfach „Sallys türkische Küche – Mediterrane und orientalische Rezepte für jeden Tag“ zu nennen.

Meine für dich zusammengestellten Rezepte weisen Einflüsse von Nationen und Völkern der ganzen Welt vor. Die türkische Küche ist neben der asiatischen und französischen eine der abwechslungsreichsten und vielfältigsten Küchen der Welt und dennoch wird sie sehr unterschätzt.
Die große Bandbreite der türkischen Küche hat viel mit der geografischen Lage der heutigen Türkei als Bindeglied zwischen Asien und Europa zu tun, sowie auch mit der einstigen Geschichte der nomadischen Turkvölker.

Das über 500 Jahre hinweg anhaltende Osmanische Reich hat seine Spuren auch in der Küche hinterlassen. So haben viele Männer auf den Eroberungsfeldzügen Speisen anderer Länder mitbekommen und nach Hause mitgebracht.

Die Türkei ist ein Mischvolk und das spiegelt sich nicht nur in ihrer Küche wieder, sondern auch in der Politik. Schon die Römer hinterließen bei ihrer Durchreise nach Asien über die Seidenstraßen ihre Fußstapfen. So war das heutige Istanbul im Jahr 330 n. Chr. sogar die Hauptstadt des römischen Reiches.

Mein Opa beispielsweise war ein Aussiedler „Göçmen" aus Bulgarien. Somit ist meine Familie mütterlicherseits Pomaken – das ist eine muslimisch-griechisch-bulgarische Volksgruppe. Mein Opa floh Mitte des 20. Jahrhunderts aus Bulgarien und setzte sich in Erzincan, im Osten der Türkei nieder.

Mein Vater ist aus Konya, das liegt vom Zentrum der Türkei aus gesehen leicht südwestlich und ist die siebtgrößte Stadt der Türkei.

Auch Rezepte vom Schwarzen Meer findest du in diesem Buch. Murats Familie stammt aus Sinop und sein Lieblingsrezept „Hamsi Tava" – eine Fischpfanne – durfte in diesem Buch nicht fehlen.

Selbst wenn in Deutschland viele den klassischen „Döner" direkt mit der türkischen Küche assoziieren, so zeichnet sie sich vor allem durch ihre Frische aus. Die türkische Küche bietet viel mehr als das zusammengepresste Fleisch, welches am Drehspieß gegrillt und in einem Brot serviert wird.

Für mich sind vor allem knackiges Gemüse, frische oder getrocknete Kräuter und vor allem Tomatenmark, das „rote Gold", typische Zutaten der türkischen Küche. Diese Zutaten findet ihr auch hierzulande in gut sortierten Supermärkten oder natürlich im türkischen oder arabischen Supermarkt. Die Gewürze und restlichen Zutaten sind auch nicht teuer und die meisten habe ich immer auf Vorrat zu Hause. Lass dich bitte nicht von der Vielfalt der Gewürze abschrecken und probiere wirklich jedes Rezept einmal aus.

Um dir die türkische Küche näher zu bringen, habe ich viele verschiedene Rezepte zusammengestellt. Hierbei gibt es sowohl Rezepte mit Fleisch und Fisch, als auch eine vegetarische Kategorie, bei der sich das Gemüse von seiner schönsten Seite zeigt.

Desserts dürfen in diesem Buch auf keinen Fall fehlen, so dass du hier meine absoluten Lieblingsrezepte finden wirst. Für besondere Anlässe habe ich auch ein paar Menüs für dich zusammengestellt. Diese findest du verteilt im Buch. Für jedes der Menüs gibt es einen Zeitplan, so dass du die Gerichte jeweils optimal vor- und zubereiten kannst und nicht in Zeitnot gerätst. Die einzelnen Rezepte kannst du natürlich auch miteinander kombinieren und gerne neue, eigene Kreationen ausprobieren.

Traue dich an Rezepte, die du selbst noch nie probiert und gegessen hast. Ich entführe dich mit diesem Buch in eine ganz andere Welt.

Ich wünsche dir viel Freude beim Zubereiten und einen guten Appetit.

Deine Sally

In der Altstadt
Antalyas „Kaleiçi"

Warenkunde

Im Folgenden möchte ich gerne ein paar typische Zutaten erläutern, welche in der türkischen Küche und somit auch in diesem Buch verwendet werden. Die Zutaten habe ich so ausgewählt, dass sie auch hierzulande in einem gut sortierten Supermarkt erhältlich sind.

KRÄUTER

Einen besonderen Stellenwert haben für mich die Kräuter, die jedes Gericht einzigartig und individuell machen. Du solltest wirklich einmal in die Türkei reisen, um dort auf dem Markt die frischen Zutaten zu sehen, zu riechen, zu fühlen und zu schmecken. Durch die vielen Sonnentage sind Obst und Gemüse besonders reif und die Kräuter sehr aromatisch. Die Kräuter können sowohl frisch, als auch getrocknet verwendet werden. Frische Kräuter haben ein intensiveres Aroma. Sie sollten aber, je nach Gericht und je nach Kräutersorte, erst kurz vor dem Verzehr mit erhitzt werden.

Petersilie ist eins der typischsten Kräuter der türkischen Küche. Sie stammt aus dem Mittelmeerraum und ist beispielsweise neben Bulgur ein Hauptbestandteil vom allseits beliebten Bulgursalat (Kısır). Ich verwende gerne die glatte Petersilie, die im Gegensatz zur krausen Petersilie aromatischer und intensiver im Geschmack ist. Die Petersilie verwende ich gerne frisch vom Kräuterbeet und friere sie auch gerne kleingehackt auf Vorrat ein, damit ich jederzeit in den Genuss der glänzend grünen Blätter komme.

Neben der Petersilie ist die **Minze** ein sehr typisches Lebensmittel der türkischen und orientalischen Küche. Die türkische Minze wird auch oft die „tunesische Minze" genannt und zählt zu den hohen Minzen. Sie kann beispielsweise in Mitteleuropa im Garten gepflanzt werden, da sie winterhart ist. Sie ist sehr reich an Menthol und robust. Ich verwende sie in Salaten gerne als frisches Kraut. Die Minze lässt sich sehr gut trocknen und mit den Händen kleinreiben, so dass ich immer auch getrocknete Minze zum Kochen auf Vorrat habe.

Petersilie

Minze

Basilikum

Basilikum gehört für mich zu den Kräutern, welche frisch verwendet werden sollten. In getrockneter Form verliert das Gewürz nämlich stark an Aroma.

Rosmarin stammt aus dem Mittelmeerraum und wird in der mediterranen Küche gerne verwendet. Es passt hervorragend zu Kartoffel-, aber auch zu Fleisch- oder Fischgerichten, Käse und Gemüse. Hierbei solltest du aber immer sparsam mit Rosmarin arbeiten, denn das Aroma ist sehr intensiv und neigt daher dazu, andere Geschmäcker und Aromen in den Hintergrund zu stellen.

Oregano verwende ich in der Küche meist getrocknet. Aus der Mittelmeerküche ist das Gewürz nicht wegzudenken und ist durch seine unverwechselbare Note ein wichtiger Bestandteil bei der Pizza. Im Gegensatz zu den anderen Kräutern intensiviert sich der Geschmack des Oregano beim Trocknen. Gemeinsam mit Rosmarin, Bergbohnenkraut, oder auch Salbei und Lavendel verfeinert der Oregano viele Speisen.

Das **Bergbohnenkraut (Kekik)**, oft auch Winterbohnenkraut genannt, gehört ebenfalls zu den wichtigsten Würzkräutern der mediterranen Küche. Das Aroma passt hervorragend zu Hülsenfrüchten, Bohnen, aber auch zu Tomatensoßen und Fleischgerichten. Das Bergbohnenkraut ist hierzulande frisch nicht einfach zu bekommen, obwohl es die Ursprünge in Nordafrika und Südeuropa hat. In getrockneter Version ist das Kraut etwas einfacher zu erhalten. Wenn du Platz im Garten hast, dann solltest du wirklich darüber nachdenken das Kraut anzupflanzen, denn es ist winterhart und die Pflege ist ganz einfach.

Rosmarin

Oregano

Bergbohnenkraut

RED PEPPER
ZIMT SCHALE
PFEFFER

GEWÜRZE

Mein Gewürzschrank ist wirklich nicht sehr groß, jedoch findet man darin Gewürze aus vielen Ländern der Welt. Mein Schrank lässt es zu, Rezepte aus der indischen, asiatischen, mediterranen, orientalischen oder auch europäischen Küche zu kochen. Vor allem getrocknete Gewürze lassen sich gut lagern und somit habe ich eine große Auswahl.

Typisch für die türkische Küche sind neben den Chiliflocken natürlich auch Kreuzkümmel, der hervorragend zu Fleischgerichten passt, Pfeffer, welcher immer frisch gemahlen verwendet werden sollte und auch Minze, welche ich sowohl frisch als auch getrocknet gerne verwende. Auch das Bergbohnenkraut eignet sich hervorragend zum Trocknen und Lagern. Beim Würzen kannst du gerne auch mal experimentierfreudig sein und einfach neue Kombinationen ausprobieren. Manchmal öffne ich die Gewürzpackungen und lege verschiedene Gewürze nebeneinander und rieche an ihnen, um festzustellen, wie sie gemeinsam harmonieren.

GEMÜSE

Frisches Gemüse ist ein wichtiger Bestandteil der türkischen und auch mediterranen Küche. Viele Gemüsesorten, welche im Sommer ihre Saison haben, werden winterhart gemacht, indem sie getrocknet werden. So ist es typisch, dass auf dem Bazar in der Türkei getrocknete Auberginen, Zucchini, Tomaten und weitere Gemüsesorten angeboten werden. Gemüse schmeckt mir persönlich zur Saison immer am besten. Außerdem kann man hierbei dann immer auf regionale Produkte zurückgreifen.

REIS UND REISNUDELN

Bei uns zu Hause gab es schon immer **Reis** in allen Variationen. Nudeln wurden eher selten gekocht. Wusstest du, dass es weltweit über 100.000 verschiedene Reissorten gibt? Diese werden in zwei Hauptarten unterteilt: Die Indica-Gruppe umfasst alle Langkornreis-Sorten. Die Japonica-Gruppe beinhaltet sowohl Mittelkorn- als auch Rundkornreis-Sorten. Zum Zubereiten des typisch türkischen Reises wird ein Mittelkornreis verwendet. Hierbei wird der Reis mit Reisnudeln angebraten und mit Wasser aufgegossen, so dass der Reis quellen kann.

Ich verwende auch gerne **Langkornreis-Sorten** wie Basmati-, Jasmin- oder auch einen Naturreis, welche ich ohne Fett zubereite und sie meist mit der Quellreis-Methode koche.

Zur Zubereitung des typisch türkischen Reises werden kleine **Nudeln (Şehriye)** verwendet. Man unterscheidet zwischen den Formen „Tel Şehriye“ und „Arpa Şehriye“. Ich verwende gerne Tel Şehriye, die kleinen, feinen Nudeln. Arpa Şehriye sind etwas dickere Nudeln.

Durch die angebratenen Nudeln wird der Reis ganz besonders aromatisch. Aber auch als Suppeneinlage werden sie gerne verwendet.

Nudeln | Langkornreis | Mittelkornreis

BULGUR, COUSCOUS & CO.

Bulgur und Couscous werden oftmals für eine Zutat gehalten. Sie unterscheiden sich jedoch in der Herstellung und auch in der Zubereitungsart.

Bulgur wird meist aus Hartweizen gewonnen, welcher zunächst eingeweicht, anschließend vorgekocht oder gedämpft und anschließend getrocknet wird. Nach dem Trocknen wird der Weizenschrot in unterschiedliche Feinheitsgrade gebrochen. Man unterscheidet zwischen dem **feinen Bulgur (köftelik, ince Bulgur)** und dem **groben Bulgur (pilavlik Bulgur)**. Je nach Region in der Türkei werden die verschiedenen Bulgursorten unterschiedlich eingesetzt. Ich verwende den groben Bulgur gerne für Pfannengerichte und den feinen Bulgur gerne für den Bulgursalat oder auch für vegetarische Frikadellen. Der Bulgur muss nur mit einer kleinen Menge kochendem Wasser überbrüht werden und dann quellen. Somit ist die Zubereitung sehr einfach und vor allem schnell.

Couscous ist besonders in Nordafrika und Vorderasien eine beliebte Zutat. Es besteht aus zu winzig kleinen Kügelchen zerriebenem Grieß und ist sehr nahrhaft, lecker und günstig. Je nach Land oder Region wird hierbei Weizen, Gerste oder Hirse als Basis verwendet. Bei uns ist häufig der Couscous aus Hartweizen verbreitet. Couscous lässt sich wunderbar in Salzwasser oder Brühe kochen oder auch dämpfen. Nach dem Zubereiten lockert man ihn mit einer Gabel und kann ihn mit einer kleinen Menge Öl vermengen.

Linsen sind gesunde Hülsenfrüchte, leicht verdaulich und besitzen einen sehr hohen Anteil an Eiweiß. Es gibt rote und grüne, kleine und große Linsen – alle Sorten sind typische Zutaten für heiße Eintöpfe und Suppen. Linsen sättigen stark und haben einen hohen Ballaststoffanteil. Da sie sich gut lagern lassen, habe ich sie immer auf Vorrat. Rote Linsen werden beim Kochen besonders schnell weich. Ein typisches Rezept findest du bei den warmen Vorspeisen – die typisch türkische Linsensuppe.

Kichererbsen stehen in der arabischen Küche und auch im Mittelmeerraum häufig auf dem Speiseplan. Sie sind die Hauptzutat bei Falafel oder Hummus. Die Hülsenfrüchte enthalten viele Proteine und stellen somit auch viele Fleischsorten in den Schatten. Es gibt zahlreiche Möglichkeiten Kichererbsen in den Speiseplan zu integrieren. Die runden Kugeln gibt es entweder getrocknet, im Glas oder in der Dose zu Kaufen. Die getrockneten Kichererbsen müssen unbedingt vor der Verwendung in Wasser eingeweicht werden, damit sich die Garzeit verkürzt. Am besten lässt man sie hierfür über Nacht einweichen und aufquellen.

SESAMPASTE & TRAUBENSIRUP

Tahin ve Pekmez (Sesampaste und Traubensirup) sind zwei typische Zutaten der türkischen Küche. Sie finden sowohl beim Frühstück, als auch bei Hauptgerichten oder Desserts Verwendung. Auch bei Samira und Ela dürfen Tahin & Pekmez auf dem Frühstückstisch nicht fehlen. Hierfür verrühre ich die beiden Zutaten und verwende dabei so viel Traubensirup, dass die Paste etwas süß wird. Das Mischungsverhältnis ist etwa 1:1. Diese hellbraune Mischung kann dann aufs Brot gestrichen werden – oder noch besser: Samira tunkt kleine Brotstücke gerne in ihr Tahin-Pekmez. Besonders Schwangeren und Stillenden oder kleinen Kindern wird ans Herz gelegt, dass sie die Mischpaste konsumieren, da sie sehr nahrhaft ist. Aber der Aufstrich sollte in Maßen genossen werden, weil er sehr kalorienreich ist.

Tahin ist eine bittere und cremige Paste aus feingemahlenen Sesamkörnern. Sie wird als Zutat bei Hummus oder auch Halva, einem orientalischen Dessert verwendet. Man unterscheidet zwischen Tahin aus geschältem und aus ungeschältem Sesam. Tahin aus ungeschältem Sesam ist dunkler und bitterer, enthält aber mehr Vitamine, Nährstoffe und Ballaststoffe. Tahin aus ausschließlich geschältem Sesam nennt man weißes Tahin. Oftmals wird es auch aus beiden Sesamsaaten hergestellt. Vor der Verwendung sollte Tahin gut durchgerührt werden, da sich das Fett gerne absetzt.

Pekmez ist ein Sirup aus Trauben, der aber auch aus Maulbeeren oder anderen Früchten gewonnen werden kann. Er wird auch gerne Traubenmelasse genannt. Die dunkle Melasse entsteht durch stundenlanges Auskochen von Trauben. Die Melasse wurde früher als günstiges Süßungsmittel verwendet, da sie ein Nebenprodukt der Zuckergewinnung ist. Auch ist sie als Heilmittel sehr bekannt, da sie nicht mehr so viel Zucker, dafür aber viele Mineralstoffe enthält. Die Traubenmelasse ist reich an Eisen, Vitamin B, Calcium und Magnesium. In vielen türkischen, aber auch griechischen Rezepten wird sie als Süßungsmittel verwendet.

Sesampaste

Traubensirup

MILCHPRODUKTE

In Zentralasien stellten die Türkenvölker erstmals aus Milch und Hefekulturen Joghurt her. Der **Joghurt** hat daher in der türkischen Küche einen besonders hohen Stellenwert. Er wird zu fast allen Gerichten und zur Vorpeise serviert. Hierbei verwende ich gerne einen stichfesten Joghurt mit 10 % Fettanteil, den sogenannten „Süzme Yoğurdu". Dieser ist nach dem Rühren besonders cremig und daher sehr schmackhaft.

Kashkaval Käse

Der **Kashkaval Käse (Kaşar Peyniri)** ist ein heller, leicht gelblicher Käse aus Kuh- oder Schafmilch, der auf dem Balkan oder in der Türkei hergestellt wird. Er hat einen leicht salzigen und würzigen Geschmack. Er schmeckt kalt auf dem Frühstückstisch sehr gut, eignet sich aber auch aufgrund seiner hervorragenden Schmelzeigenschaften zum Überbacken von Aufläufen oder im Sandwichtoast.

Weichkäse

Der **Weichkäse (Beyaz Peyniri)**, oft auch Hirtenkäse genannt, ist ein milder und neutraler Käse. Er eignet sich sehr gut in Salaten oder Gebäck und hat eine leicht salzige Note. Der Käse wird oft zu 100 % aus reiner Kuhmilch gewonnen. Er ist erhältlich in vielen Fettabstufungen von 35–65 Prozent. Ich verwende am liebsten die Fettstufe 45 in Salaten und 60 oder 65 in Börek und anderen Gerichten, da der Käse dadurch sehr cremig wird.

Schafkäse

Der **Schafkäse (Koyun Peyniri)** erhält seine aromatische Geschmacksnote durch die reine Schafmilch. In der türkischen Küche oder auch in der Mittelmeerregion ist Schafkäse nicht wegzudenken. Besonders in Börek-Rezepten ist dieser Käse besonders schmackhaft. Der Schafkäse wird auch oft Feta genannt.

Sallys Tipp:
Am liebsten verwende ich die GAZI Milchprodukte. Diese findest du in gut sortierten oder im türkischen Supermarkt.

TOMATEN- & PAPRIKAMARK

Das **Tomatenmark (domates salçası)** und das **Paprikamark (biber salçası)** sind aus der mediterranen Küche nicht wegzudenken und sind die Basis von vielen Rezepten. Der Duft von zerlassener Butter und Tomatenmark gehört zu meinen Lieblingsdüften in der Küche. Vielen Rezepten verleihen die beiden Zutaten einen typischen Geschmack und geben die typisch rote Färbung. Das Paprikamark ist mild oder auch scharf erhältlich. Am besten lagerst du das Mark im Kühlschrank. Damit es nicht zu schnell schlecht wird, bedecke ich das angebrochene Glas mit reichlich Öl, damit kein Sauerstoff an die Oberfläche gelangt. So ist das Tomaten- oder Paprikamark wochenlang haltbar. Alternativ kann es auch in kleinen Portionen eingefroren werden.

GRANATAPFELSIRUP

Beim Kauf von **Granatapfelsirup (Nar ekşisi)** solltest du darauf achten, dass es als einzige Zutat Granatapfelkonzentrat enthält. Die Herstellung des Granatapfelsirups ist ganz simpel: Die Kerne des Granatapfels werden gepresst und der so entstandene Sud wird stundenlang bei geringer Hitze gekocht, bis er sirupartig ist. Die entstandene Flüssigkeit ist säuerlich-süß und rundet viele Gerichte wundervoll ab. Ob im Bulgursalat oder in anderen Rezepten – auf den Granatapfelsirup sollte nicht verzichtet werden. Wichtig ist nur, dass er keinen zusätzlichen Zucker enthält, sondern dass er zu 100 % aus Granatäpfeln besteht.

In Side findest du die
Ruinen des antiken Theaters.

I
Sallys
Sallys Welt

I ❤
Sallys
Sallys Welt

Vorspeisen

Vorspeisen (Mezeler) gelten als genussvolle Appetitanreger und können dabei abwechslungsreich und individuell zubereitet werden. Eine gute Vorspeise stimmt bei einem mehrgängigen Menü Gäste, Freunde und Familie auf das nachfolgende Essen ein und ist dabei oftmals leicht bekömmlich. Zudem sind Vorspeisen meist bunt gemischt, da das Auge bekanntlich mitisst. Auch Vegetarier kommen hier auf ihre Kosten, da Vorspeisen oftmals fleischlos sind.

Ich persönlich liebe es, mit Freunden und Familie mit einer Vorspeise in das gemeinsame Essen einzusteigen, da man sich langsam und entspannt auf das weitere Essen einstimmen und die Geschmacksknospen im Vorfeld anregen kann. Meine für dich zusammengestellten Vorspeisenrezepte haben dabei den Vorteil, dass sie entweder in Kombination miteinander oder einzeln in großer Portion zubereitet, auch als Hauptspeise und damit als Mittag- oder Abendessen serviert werden können. Als Beilage sind sie ebenso geeignet, so dass du sie auch gerne mit den anderen hier vorgestellten Rezepten kombinieren kannst. Dabei sind sie je nach Geschmack warm und kalt ein Genuss und können zum Beispiel bei Feiern und Festen zusätzlich noch als Snack zwischendurch oder auf einem warmen oder kalten Buffet angeboten werden. Meine Rezeptideen kannst du zudem gerne nach deinem eigenen Geschmack abwandeln und einzelne Zutaten durch deine persönlichen Geschmacksfavoriten an Gemüse, Nüssen oder anderen Zutaten ersetzen oder ergänzen.

Kalte Vorspeisen & Salate

Auberginenpüree (Patlıcan Ezmesi) & Auberginensalat (Patlıcan Salatası)

Jeweils 2–4 Portionen   Backzeit: 60 Min.   Zubereitungszeit: 15 Min.

Wenn wir grillen, dann darf eine Zutat niemals fehlen: die Aubergine. Gegrillt schmeckt sie mir besonders gut, weil das rauchige Aroma hervorragend zur Aubergine passt. Ein wenig Salz, Zitronensaft und Pfeffer, und fertig ist die perfekte Grillbeilage. Gerne bereite ich das Auberginenpüree mit etwas Joghurt und Knoblauch zu. Der Joghurt rundet hierbei den Geschmack perfekt ab und so passt dieses Püree fast zu allen Gerichten. Mein zweites Rezept ist der Auberginensalat, den ich säuerlich abschmecke und der vor allem im Sommer mit frischen Tomaten und Frühlingszwiebeln super erfrischend ist.

ZUTATEN AUBERGINENPÜREE:

1 große Aubergine
2 EL Olivenöl
2 EL Zitronensaft
1 Knoblauchzehe
100 g Joghurt (10 %)
½ TL Salz
1 Prise Pfeffer

ZUBEREITUNG:

Stich die Aubergine mehrmals mit einer Gabel ein. Grille die Aubergine über einem Grill, bis sie weich ist oder lege sie auf ein mit Dauerbackfolie belegtes Backblech und grille sie im vorgeheizten Backofen bei 220 °C O/U für etwa 60 Minuten. Die Aubergine sollte sehr weich sein. Nimm sie aus dem Ofen heraus und lass sie abkühlen.
Entferne anschließend die Haut, indem du die Aubergine halbierst und das Fleisch mit einem Löffel herausschabst. Zerdrücke das Auberginenfleisch mit einer Gabel. Hacke die Knoblauchzehe fein und verrühre sie mit dem Auberginenfleisch, Olivenöl, Zitronensaft, Joghurt, Salz und Pfeffer. Serviere das Auberginenpüree warm oder lass es auf Zimmertemperatur abkühlen.

ZUTATEN AUBERGINENSALAT:

1 Aubergine
1 Bund Petersilie
50 g Cocktailtomaten
2 Frühlingszwiebeln
2 EL Olivenöl
½ TL Salz
1 Prise Pfeffer
Saft von ½ Zitrone

ZUBEREITUNG:

Bereite die Aubergine wie oben beschrieben vor und gare sie im Backofen, bis das Fleisch weich ist. Lass sie danach abkühlen und schäle sie. Zerdrücke das Auberginenfleisch mit einer Gabel, hacke die Petersilie fein, viertele die Tomaten und schneide die Frühlingszwiebel in Ringe. Vermische nun alle Zutaten und füge Olivenöl, Salz, Pfeffer und Zitronensaft hinzu.

Bulgursalat (Kısır)

4 Portionen Zubereitungszeit: 20 Min.

Der Bulgursalat darf in unserer Familie zu keinem Anlass fehlen. Diese Spezialität ist aus den einfachsten Zutaten schnell zubereitet und schmeckt sehr erfrischend. Ich esse ihn auch total gerne als Hauptmahlzeit, da der Bulgur gut sättigt. Die Hauptzutaten habe ich normalerweise immer im Haushalt und die frischen Kräuter kommen direkt vom Kräuterbeet. Kısır lässt sich auch ganz einfach ohne Küchenwaage herstellen. Wichtig ist dabei nur, dass man ein Glas als Maß hat, damit das Verhältnis von Bulgur und Wasser stimmt und der Salat weder matschig noch zu trocken wird. Das von mir verwendete Glas hat ein Fassungsvermögen von 200 Millilitern.

ZUTATEN:

2 Gläser feiner Bulgur (300 g)
2 Gläser kochendes Wasser (400 ml)
1 Zwiebel
½ Glas Olivenöl (100 ml)
4 EL Tomatenmark
1 EL Paprikamark
1 Bund Petersilie
½ Bund Minze
1 TL Salz
½ TL Pfeffer
Saft von 1 Zitrone
3–4 EL Granatapfelsirup

ZUBEREITUNG:

Fülle den Bulgur in eine verschließbare Schüssel ein. Koche das Wasser auf und übergieße den Bulgur mit 2 Gläsern kochendem Wasser. Verschließe die Schüssel und lass den Bulgur 15 Minuten quellen.

Schäle die Zwiebel und schneide sie in feine Würfel. Erwärme das Olivenöl in einem kleinen Topf bei mittelhoher Hitze und brate die Zwiebelwürfel darin für etwa 4–5 Minuten an, bis sie glasig sind. Füge das Tomaten- und Paprikamark hinzu und brate es 1 Minute mit an.

Hacke die Petersilie und Minze fein.

Lockere den Bulgur mithilfe einer Gabel und vermische nun alle Zutaten miteinander. Das geht am besten mit den Händen. Würze den Salat mit Salz, Pfeffer, Zitronensaft und dem Granatapfelsirup und serviere ihn lauwarm oder kalt.

Tipp:

Verfeinere den Salat nach Belieben mit Frühlingszwiebeln und Cocktailtomaten.

Gefüllte Auberginen (Karnıyarık)

zweierlei gefüllt an türkischem Reis

Zeitplan:

Auberginen schälen und einlegen (10 Min.)
Füllung zubereiten (15–20 Min.)
Reis einlegen (3 Min.)
Auberginen füllen und backen (10 Min.)
Reis zubereiten (15 Min.)
Warten, bis das Gericht fertig ist (20–25 Min.)

Wortwörtlich übersetzt heißt karnıyarık „aufgerissener Bauch“. So wird die Aubergine genannt, die zuerst frittiert und dann mit Hackfleisch gefüllt wird. Da mir die frittierte Variante oft zu schwer im Magen liegt, bevorzuge ich es die Aubergine zu schmoren, bis sie weich ist. Diese habe ich zweierlei mit einer typischen Hackfleischfüllung und einer vegetarischen Gemüsemischung gefüllt. Die vegetarische Variante nennt man oftmals „Imambayıldı“, auf Deutsch: Der Imam fiel in Ohnmacht. Man sagt, dass bei der Zubereitung so viel Knoblauch verwendet wurde, dass ein Imam durch den ganzen Knoblauchduft in Ohnmacht fiel. Dazu serviere ich türkischen Reis, der vorher mit Nudelfäden angebraten wird und dadurch sehr aromatisch schmeckt. Du kannst entscheiden, ob du beide Varianten der Füllung oder nur eine zubereiten möchtest.

Türkischer Reis (Pilav)

6 Portionen Zubereitungszeit: 40 Min.

Beim Reis arbeite ich gerne mit der Maßangabe eines Glases. Hierbei wähle ich ein ganz normales Trinkglas mit etwa 200 Millilitern Fassungsvermögen. Dabei ist nicht wichtig, ob das Glas etwas kleiner oder größer ist. Die Zubereitung und das Abmessen geht so einfach schneller. Pro Person rechne ich mit etwas mehr als einem halben Glas trockenen Reis – je nachdem was dazu serviert wird.

ZUTATEN:

4 Gläser Mittelkornreis
2 EL Salz
50 ml Sonnenblumenöl
¾ Glas Suppennudeln (Tel Şehriye)
40 g Butter
1–1½ TL Salz

ZUBEREITUNG:

Fülle den Reis in eine große Schüssel ein und streue zwei Esslöffel Salz darüber. Überbrühe ihn nun mit reichlich kochendem Wasser, so dass das Wasser etwa 2 cm über dem Reis steht. Lasse den Reis so etwa 5 Minuten stehen. Durch das heiße Wasser und das Salz wird dem Reis die Stärke entzogen. Fülle ihn nun in ein großes Haarsieb ein und wasche ihn unter kaltem Wasser gründlich aus, bis das Wasser klar ist, damit das Salz wieder abgewaschen wird. Lasse den Reis gut abtropfen.

Info: Stelle nun wieder Wasser zum Kochen auf, damit es für die Zubereitung bereitsteht.

Erhitze in einem großen Topf oder einer großen Pfanne das Öl bei mittelhoher Hitze. Füge nun die Suppennudeln hinzu und brate sie an, bis sie hellbraun sind. Sei vorsichtig und rühre stetig um, damit sie nicht verbrennen. Füge dann den abgetropften Reis hinzu und brate ihn für etwa 2–3 Minuten an. Füge jetzt die Butter hinzu und lasse sie kurz schmelzen. Gib nun so viel kochendes Wasser dazu, bis der Reis etwa einen Zentimeter damit bedeckt ist. Lasse die Flüssigkeit aufkochen. Füge das Salz hinzu und schmecke die Reisflüssigkeit ab. Sie sollte ganz leicht salzig schmecken. Decke nun den Topf ab und stelle die Temperatur herunter. Lasse den Reis etwa 20–25 Minuten ziehen.

Ich probiere anschließend den Reis immer gerne. Sollte die Flüssigkeit aufgezogen worden sein und der Reis noch leicht hart, kann etwas Wasser hinzugefügt werden. Achte aber darauf nicht zu viel Wasser zuzufügen, damit der Reis nicht matschig wird.

Gemüse-Auberginen

(Imambayıldı)

3 Portionen Zubereitungszeit: 40 Min.

ZUTATEN:

Auberginen:
3 Auberginen
2 EL Salz
2 Liter Wasser zum Einlegen

Zum Anbraten:
6 EL Olivenöl
100 ml Wasser

Gemüsefüllung:
1 Zwiebel
3 Knoblauchzehen
3 EL Olivenöl
3 grüne Spitzpaprika
2 Tomaten
100 g Champignons
½ Bund Petersilie
¼ TL Pfeffer
½ TL Salz

Tomatensoße:
1 EL Tomatenmark
100 ml Wasser in die Auflaufform

ZUBEREITUNG:

Auberginen:
Schäle die Auberginen so, dass sie gestreift aussehen, indem du immer einen Streifen feststehen lässt und einen wegnimmst. Lege die Auberginen in eine Schüssel mit Wasser und füge 2 EL Salz hinzu, damit die Bitterstoffe entzogen werden und die Aubergine auch nicht zu viel Fett aufsaugt. Lasse sie im Salzwasser etwa 30 Minuten liegen.

Gemüsefüllung:
Schäle die Zwiebel und die Knoblauchzehen und schneide sie in feine Würfel. Erhitze das Olivenöl in einer Pfanne bei mittelhoher Hitze und brate die Zwiebel- und Knoblauchwürfel darin für etwa 2–3 Minuten an. Schneide die Spitzpaprika, die Tomaten und die Champignons ebenfalls in ganz feine Würfel und hacke die Petersilie fein. Füge nun das kleingeschnittene Gemüse, die Petersilie, den Pfeffer und das Salz zur Pfanne hinzu und rühre alles kurz durch. Nimm die Füllung vom Herd herunter.

Auberginen:
Nimm die Auberginen aus dem Salzwasser heraus und spüle sie unter klarem Wasser ab. Drücke sie leicht aus. Erhitze das Öl in einer Pfanne bei mittelhoher Hitze und brate die Auberginen vorsichtig rundherum darin an. Achte darauf, dass das Fett nicht spritzt. Lasse die Auberginen darin etwa 5–10 Minuten dünsten, bis sie weich sind. Drehe sie ab und zu um.

Lege die Auberginen in eine Auflaufform hinein und drücke sie an einer geschälten Stelle mit dem Löffel auseinander, so dass eine große Öffnung in der Mitte entsteht. Befülle die Auberginen nun mit der Gemüsefüllung.

Tomatensoße:
Verrühre das Tomatenmark mit dem Wasser und gieße ein Drittel davon in die Auberginen hinein und den Rest in die Auflaufform.

Gare das Gericht nun im Ofen bei 190 °C O/U für etwa 25 Minuten.

Serviere die Aubergine dann im Ganzen mit dem Reis.

Hackfleisch-Auberginen

(Karnıyarık)

3 Portionen   Zubereitungszeit: 60 Min.

ZUTATEN:

Auberginen:
3 Auberginen
2 EL Salz
2 Liter Wasser zum Einlegen

Zum Anbraten:
6 EL Olivenöl
100 ml Wasser

Hackfleischfüllung:
1 EL Olivenöl
250 g Hackfleisch vom Rind
1 Zwiebel
2 Knoblauchzehen
1 EL Tomatenmark
1 EL Paprikamark
100 ml Wasser
1 TL Salz
½ TL Pfeffer
1 TL getrocknete Minze
1 TL Chiliflocken
1 Tomate
3 milde oder scharfe Spitzpaprika

Tomatensoße:
1 EL Tomatenmark
100 ml Wasser in die Auflaufform

ZUBEREITUNG:

Auberginen:
Schäle die Auberginen so, dass sie gestreift aussehen, indem du immer einen Streifen feststehen lässt und einen wegnimmst. Lege die Auberginen in eine Schüssel mit Wasser und füge 2 EL Salz hinzu, damit die Bitterstoffe entzogen werden und die Aubergine auch nicht zu viel Fett aufsaugt. Lasse sie im Salzwasser etwa 30 Minuten liegen.

Füllung:
Erhitze das Olivenöl in einer Pfanne bei mittelhoher Hitze und brate das Hackfleisch darin so lange an, bis es krümelig ist. Schäle die Zwiebel und die Knoblauchzehen und schneide sie in feine Würfel. Füge sie zum Hackfleisch hinzu und brate sie 2–3 Minuten an. Füge nun das Tomaten- und Paprikamark hinzu und rühre es kurz ein. Lösche die Soße mit dem Wasser ab und würze sie mit dem Salz, dem Pfeffer, der Minze und den Chiliflocken. Lasse die Soße aufkochen und dann 2–3 Minuten köcheln und schalte den Herd dann aus.

Auberginen:
Nimm die Auberginen aus dem Salzwasser heraus und spüle sie mit Wasser ab. Drücke sie leicht aus. Erhitze das Öl in einer Pfanne und brate die Auberginen vorsichtig rundherum darin an. Füge nun vorsichtig das Wasser hinzu und schließe den Deckel. Lasse die Auberginen darin etwa 5–10 Minuten dünsten, bis sie weich sind. Drehe sie ab und zu um.

Lege die Auberginen in eine Auflaufform hinein und drücke sie an einer geschälten Stelle mit dem Löffel auseinander, so dass eine große Öffnung in der Mitte entsteht. Fülle hier die Hackfleischfüllung ein.

Tomatensoße:
Verrühre das Tomatenmark mit dem Wasser und gieße es um die Auberginen herum in die Auflaufform.

Schneide die Tomate in Achtel und lege die Tomatenscheiben auf die Auberginen. Lege die Paprikaschoten mit in die Auflaufform und gare das Gericht nun im Ofen bei 190 °C O/U für etwa 25 Minuten.

Serviere die Auberginen dann im Ganzen mit dem Reis.

Karottensalat mit Joghurt

(Havuç Salatası)

4 Portionen Zubereitungszeit: 20 Min. Kühlzeit: 30 Min.

Ich liebe diesen Karottensalat, da er durch den Joghurt sehr cremig ist. Für den Salat habe ich immer alle Zutaten zu Hause und kann ihn so jederzeit – auch spontan – zubereiten. Egal wohin ich den Salat mitnehme: Bisher war er immer ein Hit auf jeder Grillfeier!

ZUTATEN:

400 g Karotten
2 EL Olivenöl
1 Knoblauchzehe
200 g Joghurt (10 %)
¾ TL Salz
½ TL Pfeffer

nach Belieben:
2–3 EL gehackte Petersilie

ZUBEREITUNG:

Schäle die Karotten und rasple sie in feine Streifen. Brate die Karottenstreifen im Olivenöl bei hoher Hitze für etwa 2 Minuten an. Lass sie danach komplett abkühlen.

Reibe die Knoblauchzehe fein und verrühre sie mit dem Joghurt, Salz und Pfeffer. Rühre die Karottenstreifen ein.

Tipp:

Im Kühlschrank hält der Salat etwa 2–3 Tage.

Kichererbsenpüree (Hummus)

1 Portion   Zubereitungszeit: 20 Min.

Hummus ist ein Dip aus der arabischen Küche, welcher sehr gut zu Fleisch, Brot oder auch Gemüse passt. Der Name leitet sich aus dem Arabischen „hummus" ab, was „Kichererbse" bedeutet. Der Dip wird aus Kichererbsen und Tahin, einer Sesampaste, hergestellt und ist sogar rein pflanzlich und somit vegan. Hummus wird in vielen verschiedenen Ländern zubereitet und überall auch anders abgeschmeckt. Ich finde es wichtig das Hummus mit Zitronensaft, Knoblauch und Kreuzkümmel zu verfeinern. Hummus ist eine beliebte Vorspeise, welche mit einem dünnen Fladenbrot oder auch anderen Vorspeisen serviert wird. Damit lässt sich aber auch ganz toll ein Wrap oder Fladenbrot füllen. Vor allem in Kombination mit Falafel ist Hummus wirklich spitze.

ZUTATEN:

240 g abgekochte Kichererbsen (selbst gekocht oder aus der Dose)
1 ½ EL Sesampaste (Tahin)
Saft von 1–2 Zitronen
1 TL gemahlener Kreuzkümmel
2 Knoblauchzehen
½ TL Salz
¼ TL Pfeffer
2 EL Olivenöl

Nach Belieben:
Paprikapulver

ZUBEREITUNG:

Gieße die Kichererbsen aus der Dose ab und fange hierbei die Flüssigkeit auf. Püriere die Kichererbsen mit der Sesampaste und etwa 100 ml der Flüssigkeit sehr fein. Füge nun den Zitronensaft, den Kreuzkümmel, die Knoblauchzehen, das Salz und den Pfeffer hinzu und püriere die Zutaten so lange, bis eine geschmeidige Masse entsteht.

Das Püree sollte nicht zu fest sein, da es noch nachzieht.

Fülle das Hummus in kleine Schalen ab, beträufle es mit Olivenöl und bestreue es nach Belieben mit Paprikapulver. Stelle es für mindestens 2 Stunden in den Kühlschrank und lasse es gut durchziehen.

Kichererbsen selbst abkochen:
Übergieße etwa 150 g trockene Kichererbsen mit 1 Liter Wasser in einem großen Topf und lasse sie über Nacht abgedeckt ruhen. Koche die Kichererbsen mit dem Wasser am nächsten Tag für etwa 1 Stunde, bis sie weich sind. Lasse sie abkühlen und hebe den Sud für das Hummus auf. Verwende 240 g der Kichererbsen für das Hummus.

Paprika-Auberginen-Dip

(Ayvar)

2 Gläser à 230 g | Zubereitungszeit: 45 Min. | Backzeit: 60 Min. | Kühlzeit: 30 Min.

Der Tomaten-Paprika-Dip kann wahlweise scharf oder mild zubereitet werden. Zu Kebab-, also Fleischgerichten, passt er hervorragend. Als Vorspeise wird er gerne serviert. Hierfür wird frisches Fladenbrot zum Dippen verwendet.

ZUTATEN:

1 Aubergine
1 ½ rote Paprikaschoten
½ Zwiebel
1–2 Knoblauchzehen
50 ml Olivenöl
2 reife Tomaten
½ TL Salz
Pfeffer
1 Prise Zucker
1 TL Chiliflocken

ZUBEREITUNG:

Stich die Aubergine mehrmals mit einer Gabel ein. Halbiere die Paprikaschoten und schneide das Kerngehäuse heraus. Schneide sie in große Stücke und lege sie mit der Haut nach oben auf ein mit Dauerbackfolie belegtes Backblech. Lege die Aubergine dazu und grille sie im Backofen bei 220 °C O/U für etwa 60 Minuten, bis die Haut der Paprikaschoten dunkel wird und Blasen wirft und die Aubergine weich ist. Nimm das Gemüse aus dem Ofen heraus und lass es etwas abkühlen. Entferne anschließend die Haut und zerdrücke das Paprika- und Auberginenfleisch mit einer Gabel oder hacke es mit einem Messer fein.

Hacke die Zwiebel und Knoblauchzehen sehr fein. Erwärme das Olivenöl in einem Topf bei mittelhoher Hitze und brate die Zwiebel- und Knoblauchwürfel darin 2–3 Minuten an, bis die Zwiebeln glasig sind. Reibe die Tomaten fein und füge sie hinzu und lass die Mischung so lange einkochen, bis fast keine Flüssigkeit mehr vorhanden ist. Füge das Paprika- und Auberginenfleisch hinzu und lass das Ayvar wieder einkochen, bis es eindickt. Nimm es dann vom Herd herunter und püriere es fein.

Würze das Ayvar mit Salz, Pfeffer, Zucker und Chiliflocken.

Tipp:

Um das Ayvar länger haltbar zu machen kannst du Einmachgläser 10 Minuten lang in kochendem Wasser destillieren und das Ayvar kochend heiß einfüllen und die Gläser verschließen. Dadurch entsteht ein Vakuum und das Ayvar bleibt länger haltbar. So ist es auch eine tolle Geschenkidee aus der Küche!

Mild oder scharf?
Soll das Ayvar eher mild im Geschmack werden, dann bereite es wie im Rezept angegeben zu. Möchtest du es etwas schärfer zubereiten, dann kannst du eine Chilischote zufügen oder mehr Chiliflocken verwenden.

Paprika-Feta-Creme & Peperoni-Tomaten-Aufstrich

1 Portion = 300 g   Zubereitungszeit: 10 Min.

Wahrscheinlich kennst du die verschiedenen Cremes, welche in Feinkostläden an der Theke angeboten werden. An diesen Theken kann ich nie vorbeigehen, ohne etwas Neues probiert zu haben – jedes Mal bin ich beeindruckt von der Vielfalt, die angeboten wird. Ich möchte dir gerne meine zwei Lieblingscremes vorstellen, welche du als Brotaufstrich oder auch als Beilage zum Dippen und Streichen für verschiedene Hauptgerichte und beim Grillen verwenden kannst. Die Cremes kannst du nach Belieben verändern und auch außergewöhnliche Zutaten verwenden und mit verschiedenen Kräutern verfeinern.

ZUTATEN PAPRIKA-FETA-CREME:

½ rote Paprika
100 g Feta
1 Knoblauchzehe
100 g Frischkäse in Doppelrahmstufe
2 EL Olivenöl
½ TL getrockneter Oregano
½ TL getrockneter Rosmarin
½ TL Pfeffer
1 Prise Salz

ZUBEREITUNG:

Schneide die Paprika grob in Stücke. Püriere die Paprika gemeinsam mit dem Feta und der Knoblauchzehe in einem Mixer. Füge den Frischkäse, das Olivenöl und die Gewürze hinzu und verrühre alle Zutaten gut miteinander.

ZUTATEN PEPERONI-TOMATEN-AUFSTRICH:

60 g getrocknete Tomaten (in Öl eingelegt)
4–5 eingelegte Peperoni
100 g Weichkäse
100 g Frischkäse in Doppelrahmstufe
1 TL getrockneter Thymian
1 kleine Chilischote

ZUBEREITUNG:

Püriere die Tomaten und Peperoni in einem Mixer. Füge den Weichkäse hinzu und püriere ihn mit. Füge nun den Frischkäse und den Thymian hinzu und rühre die Zutaten gut ein. Hacke die Chilischote fein und gib sie mit dazu oder püriere sie ebenfalls mit.

Tipp:

Im Kühlschrank gelagert halten die Cremes etwa 5–6 Tage.

Köfte

mit frittiertem Gemüse und Aromareis

Zeitplan:

Köftemasse vorbereiten und kühl stellen (20 Min.)
Wartezeit (30 Min.)
Köfte formen und kühl stellen (20 Min.)
Gemüse schneiden (15 Min.)
Reis ansetzen (5 Min.)
Wartezeit (10 Min.)
Köfte anbraten und parallel Gemüse frittieren (35 Min.)

Meine Mama bereitet die Köfte, die orientalischen Frikadellen gemeinsam mit dem frittierten Gemüse und Aromareis etwa einmal monatlich zu. Zugegeben, es ist nicht gerade gesund, Frittiertes zu essen, aber ab und zu darf man auch mal sündigen. Ich esse dazu am liebsten Joghurt oder auch das selbstgemachte Ayvar, dessen Zubereitung du in den Vorspeisen findest. Beim Aromareis verwende ich die einfache Quellreismethode und verwende hierbei gerne Jasminreis. Die Quellreismethode ist für mich die einfachste Zubereitungsweise für Reis. Als Gemüsebeilage kannst du alles verwenden, was du gerne magst und was die Saison bietet. Wichtig ist nur, dass die verschiedenen Garzeiten beachtet werden, damit das Gemüse nicht zu weich wird.

Frikadellen (Köfte)

4 Portionen — Zubereitungszeit: 60 Min. — Wartezeit: 60 Min.

ZUTATEN:

Köfte:
1 Zwiebel
2 Knoblauchzehen
½ Bund Petersilie
500 g Hackfleisch vom Rind
1 Ei
50 g Paniermehl oder ½ Brötchen
1 EL Tomatenmark
1 TL rosenscharfes Paprikapulver
1 TL Chiliflocken
1 TL Pfeffer
½ TL Kreuzkümmel
1½ TL Salz
½ TL Curry

Zum Anbraten:
10 EL Olivenöl

ZUBEREITUNG:

Schäle die Zwiebel und die Knoblauchzehen und reibe sie fein. Hacke die Petersilie fein. Verknete diese Zutaten nun mit dem Hackfleisch, dem Ei, dem Paniermehl, dem Tomatenmark, dem Paprikapulver, den Chiliflocken, dem Pfeffer, dem Kreuzkümmel, dem Salz und dem Curry. Knete die Masse etwa 5 Minuten, damit sich alle Zutaten gut verbinden. Lasse die Masse abgedeckt 30 Minuten im Kühlschrank ruhen.

Entnehme anschließend daraus jeweils 5 Zentimeter große Portionen und forme diese zuerst zu einer Kugel, dann zu einer länglichen Rolle und drücke sie dann leicht flach, so dass Frikadellen entstehen. Lege sie auf einen gefetteten Teller, decke sie ab und stelle sie für etwa 30 Minuten in den Kühlschrank.

Erhitze eine Eisen- oder beschichtete Pfanne bei mittelhoher Hitze und füge etwas Öl hinzu. Brate die Köfte darin auf jeder Seite etwa 4 Minuten an, bis sie goldbraun sind und nimm sie dann aus der Pfanne heraus.

Tipp 1:

Wenn nach dem Essen ein paar Frikadellen übrig sind, dann essen wir sie am nächsten Tag gerne mit etwas Tomatensoße.

Tipp 2:

Da ich mein Hackfleisch immer selbst frisch zubereite, zerkleinere ich zuerst das Fleisch im Fleischwolf und gebe anschließend die Zwiebel und das Brötchen hindurch, damit das restliche Fleisch gemeinsam mit der Zwiebel und dem Brötchen herausgenommen werden kann.

Frittiertes Gemüse & Aromareis

4 Portionen   Zubereitungszeit: je 30 Min.

ZUTATEN GEMÜSE:

1 Aubergine
1 TL Salz
3 Kartoffeln
2 Karotten
1 Zucchini
2 rote Spitzpaprika
200 g Cocktailtomaten
1–2 Liter Frittierfett

ZUBEREITUNG GEMÜSE:

Schneide die Aubergine in 5 mm dünne Scheiben und bestreue sie mit dem Salz. Lasse sie 30 Minuten lang stehen, damit die Bitterstoffe entzogen werden können.

Schäle die Kartoffeln und die Karotten und schneide sie in 1 cm dicke Scheiben. Lege die Kartoffelscheiben in Wasser ein, damit sie nicht braun werden.

Schneide die Zucchini in 5 mm dünne Scheiben und schneide die Spitzpaprika in lange Streifen.
Wasche die Auberginenscheiben unter fließendem Wasser vorsichtig ab und drücke sie ganz leicht aus. Nimm die Kartoffeln aus dem Wasser heraus und tupfe sie mit einem Küchentuch trocken.

Erwärme das Frittierfett bei mittelhoher Hitze auf etwa 180 °C. Frittiere die Kartoffelscheiben für etwa 6–8 Minuten, bis sie goldbraun sind. Nimm sie aus dem Fett heraus und lasse sie auf einem Küchentuch abtropfen. Frittiere die Karotten etwa 3–4 Minuten und die Zucchinischeiben etwa 2 Minuten. Die Auberginen und die Tomaten werden in einer Pfanne mit etwa 6 Esslöffeln Fett für etwa 5–6 Minuten angebraten. Lass das Gemüse jeweils auf einem Küchentuch leicht abtropfen.

ZUTATEN REIS:

1½ Gläser Jasminreis (ca. 320 g)
2¼ Gläser Wasser (ca. 560 ml)
1 Prise Salz

ZUBEREITUNG REIS:

Wasche den Reis in einem Haarsieb zweimal durch. Fülle ihn in einen kleinen Topf und gib die 2,5-fache Menge an Wasser hinzu. Lasse den Reis 10 Minuten einweichen. Schalte dann den Herd auf höchste Stufe und füge das Salz hinzu. Lasse den Reis aufkochen und stelle dann den Herd auf mittlere Stufe herunter und setze den Topfdeckel auf. Lasse den Reis etwa 20 Minuten ziehen, bis das Wasser verdampft ist.

Serviere den Reis mit dem frittierten Gemüse und den Frikadellen, wie auf dem Bild auf der rechten Seite zu sehen ist.

Rote Bete Salat (Pancar Salatası)

4 Portionen · Zubereitungszeit: 20 Min. · Kochzeit: 40 min

Die Rote Bete wird als Rübe total unterschätzt. Sie stellt nicht nur optisch, sondern auch kulinarisch viele andere Gemüsesorten in den Schatten. Zudem ist sie sehr gesund, da sie reich an Betain, einem sekundären Pflanzenstoff ist und wirkt sich positiv auf unsere Galle und auf unsere Verdauung aus. Mich überzeugt sie vor allem im Geschmack. Ich mag die Rote Bete gerne roh in Smoothies, aber auch gegart in Salaten oder sogar warm in Hauptspeisen. Vor allem zaubert man mit ihr eine wunderschöne Farbe auf jeden noch so leeren Teller.

ZUTATEN:

3 rohe Rote Beten
2 Frühlingszwiebeln
½ Bund Petersilie
50 ml Olivenöl
50 ml Essig
1 TL Salz
1 Prise Zucker
1 Prise gemahlener Kreuzkümmel

ZUBEREITUNG:

Wasche die Roten Beten ab und gib sie mit etwa 1,5 Liter Wasser in einen großen Topf. Lasse das Wasser aufkochen und die Rüben darin etwa 35–40 Minuten lang garen, bis sie weich, aber nicht matschig sind. Nimm sie aus dem Wasser und lasse sie kurz abkühlen. Ziehe unbedingt Handschuhe an, damit deine Hände nicht pink werden – falls doch, ist es aber auch nicht schlimm.

Schäle die Roten Beten und schneide sie in etwa 1 cm große Würfel.

Schneide die Frühlingszwiebel in feine Ringe und hacke die Petersilie fein. Verrühre nun die Rote Bete mit den Frühlingszwiebeln und der Petersilie, mit dem Olivenöl, dem Essig, dem Salz, dem Zucker und dem Kreuzkümmel. Lasse den Salat etwa 1 Stunde lang durchziehen. Es kann sein, dass du ihn danach erneut mit Salz und Essig abschmecken musst, weil die Rüben viel Geschmack einziehen.

Am besten schmeckt mir der Salat am nächsten und übernächsten Tag. Abgedeckt hält er im Kühlschrank mehrere Tage.

Scharfe Walnusspaste

(Muhammara)

1 Portion = 250 g Paste Zubereitungszeit: 20 Min.

Muhammara (arabisch = errötet) ist eine scharfe Walnuss-Paprika-Paste, welche auf einer Vorspeisenplatte nicht fehlen darf. Die Paste ist in der arabischen Küche sehr bekannt und passt auch hervorragend zu Fleischgerichten.

ZUTATEN:

20 g getrocknete Kichererbsen (Leblebi)
100 g Walnüsse
1–2 Knoblauchzehen
1 EL Paprikamark, scharf
1 EL Tomatenmark
50 g Olivenöl
35 g Sesampaste (Tahin)
½ TL gemahlener Kreuzkümmel
½ TL Salz
½ TL Pfeffer

ZUBEREITUNG:

Zermahle die Kichererbsen mit einem Mörser sehr fein. Füge die Walnüsse und die Knoblauchzehen hinzu und zerkleinere diese grob mit dem Mörser, so dass noch Walnussstücke zu sehen sind.

Füge nun das Paprika- und Tomatenmark, Olivenöl, die Sesampaste, Kreuzkümmel und Salz und Pfeffer hinzu und vermische die Zutaten miteinander.

Tipp:

Die Paste ist im Kühlschrank mehrere Wochen haltbar.

Produktinfo
Leblebi sind in Heißluft getrocknete Kichererbsen und eine Spezialität aus der türkischen Provinz Çorum. Oft werden sie als Knabbersnack verspeist, finden aber auch in vielen Rezepten Verwendung.

Selleriesalat (Kereviz salatası)

4 Portionen Zubereitungszeit: 20 Min.

Als ich Murat erzählt habe, dass ich einen Selleriesalat zubereite, hat er mich mit großen Augen angeschaut und war ehrlich gesagt nicht ganz begeistert. „Sellerie?“ fragte er mich ganz ungläubig. „Ja, Sellerie!“ Viele kennen Sellerie nur als Suppengemüse und oftmals wird er bei vielen nicht als Star des Rezepts betrachtet. Dabei hat Sellerie total viel Geschmack und sehr viel Potential. Staudensellerie beispielsweise steht bei mir oft als Rohkost mit einem Joghurtdip auf dem Tisch und da greifen auch Samira und Ela gerne zu. In der Naturheilkunde wird Sellerie auch oft als Heilpflanze eingesetzt, vor allem bei Bluthochdruck oder rheumatischen Beschwerden. Bei mir kommt er gelegentlich auch als würziger Salat zum Einsatz. Vor allem in Kombination mit Äpfeln und Walnüssen ist Sellerie – hier als Knollensellerie – ein echter Genuss!

ZUTATEN:

1 Sellerieknolle (500 g)
2 grüne Äpfel
250 g Joghurt (10 %)
1 TL Salz
¼ TL Pfeffer
Saft von 1–2 Limetten
2 EL Sahne
60 g Walnüsse

ZUBEREITUNG:

Schäle die Sellerieknolle und wasche sie ab, um Erdreste zu entfernen. Rasple sie mit einer Küchenreibe fein. Ich mache das am liebsten in der Küchenmaschine, da Sellerie sehr hart ist.

Reibe die grünen Äpfel mit ihrer Schale fein. Verrühre den Joghurt mit dem Salz, dem Pfeffer, dem Limettensaft und der Sahne.

Hacke die Walnüsse grob und verrühre nun alle Zutaten miteinander. Der Salat schmeckt frisch, aber auch durchgezogen sehr lecker.

Tomaten-Paprika-Dip

(Acılı Ezme)

1 Portion = 250 g Dip   Zubereitungszeit: 25 Min.

Der Tomaten-Paprika-Dip kann wahlweise scharf oder mild zubereitet werden. Zu Kebab-, also Fleischgerichten, passt er hervorragend. Als Vorspeise wird er gerne serviert. Hierfür wird frisches Fladenbrot zum Dippen verwendet.

ZUTATEN:

1 reife, große Tomate
3 Frühlingszwiebeln
2 Knoblauchzehen
1 grüne, scharfe Spitzpaprika
1–2 Chilischoten
6–8 Blätter frische Minze
¼ Bund Petersilie
½ TL Paprikamark
½ TL Salz
3 EL Öl
3 EL Granatapfelsirup
Saft von 1 Zitrone
2 EL Essigbaumgewürz

ZUBEREITUNG:

Hacke die Tomate fein. Schneide vorher das kernige Fruchtfleisch heraus, wenn der Dip nicht so flüssig sein soll. Schneide die Frühlingszwiebeln, Knoblauchzehen, Spitzpaprika, Chilischoten, Petersilie und Minze sehr fein. Verrühre das gehackte Gemüse mit dem Salz, Öl, Granatapfelsirup, Zitronensaft, Paprikamark und Essigbaumgewürz.

Tipp:

Der Dip sollte noch am gleichen Tag gegessen werden, da er ansonsten zu flüssig wird.

Tzaziki (Cacık)

4 Portionen   Zubereitungszeit: 20 Min.

Tzaziki ist ein mit Gurken und Knoblauch verfeinerter Joghurt der mediterranen Küche. Ich bevorzuge hierbei den Joghurt mit 10 % Fett, da er total cremig ist. Manchmal bereite ich den Joghurt ohne Wasser zu, dann ist er etwas fester und eignet sich auch hervorragend zum Dippen für Fleisch und Gemüse – hierfür sind dann auch keine Gurken notwendig. Diese Variante hier ist eher als kalte Suppe gedacht. Sie ist total erfrischend und schmeckt vor allem im Sommer mit den Gurken aus dem Garten hervorragend.

ZUTATEN:

500 g Joghurt (10 %)
250 ml Wasser
1 TL Salz
½ TL Pfeffer
1 EL getrocknete Minze
1 kleine Knoblauchzehe
1 große Gurke oder 2 Landgurken

ZUBEREITUNG:

Rühre den Joghurt mit dem Wasser, dem Salz, dem Pfeffer und der Minze mit einem Schneebesen glatt.

Reibe die Knoblauchzehe fein und schneide die Gurke in feine Würfel. Rühre die Zutaten mit ein und serviere das Tzaziki kalt in Schälchen.

Warme Vorspeisen & Suppen

de BUYER

Almsuppe (Yayla Çorbası)

4 Portionen   Zubereitungszeit: 40 Min.

Die Almsuppe gehört zu den Spezialitäten der türkischen Küche. Hierbei gibt es unglaublich viele Rezepte und verschiedene Zubereitungsmöglichkeiten. Ich bevorzuge die Ei-freie Variante. In vielen Rezepten wird Eigelb zum Abbinden der Suppe verwendet. Dieses verhindert das Flocken des Joghurts. Mit ein paar kleinen Tricks gelingt dir die Suppe aber auch ganz einfach ohne Eigelb.

ZUTATEN:

Suppe:
50 g Rundkornreis
250 ml Wasser
1 TL Salz
260 g Joghurt (10 %)
25 g Mehl
750 ml Wasser
¼ TL Pfeffer
1 TL getrocknete Minze
1 TL Zitronensaft

Soße:
1 EL Butter
1 EL Öl
1 EL getrocknete Minze
1 TL Chiliflocken
1 TL edelsüßes Paprikapulver

ZUBEREITUNG:

Suppe:
Wasche den Reis in einem Haarsieb unter fließendem Wasser gründlich ab. Fülle ihn nun gemeinsam mit dem Wasser und dem Salz in einen Topf und lasse ihn aufkochen. Achte darauf, dass er nicht überkocht. Lasse den Reis etwa 25 Minuten lang kochen, bis er gar ist.

Verrühre den Joghurt mit dem Mehl und dem Wasser klümpchenfrei mit einem Schneebesen. Füge die Joghurtmischung nun langsam zum Reis hinzu und erwärme die Suppe erneut bei mittlerer Hitze. Füge den Pfeffer, die Minze und den Zitronensaft hinzu und achte darauf, dass die Suppe nicht kocht, damit sie nicht flockt.

Soße:
Erwärme die Butter mit dem Öl in einem kleinen Topf bei mittelhoher Hitze und füge die Minze, die Chiliflocken und das Paprikapulver hinzu. Lasse die Mischung einmal aufschäumen und serviere die Suppe mit der Soße.

Auberginenringe mit Schafskäse & Tomate

2 Portionen | Zubereitungszeit: 30 Min. | Backzeit: 15 Min.

Die Auberginenringe sind optisch und geschmacklich ein Highlight auf einer warmen Vorspeisenplatte. Die besondere Würze bekommen sie durch den Schafskäse, der im Ofen warm und weich wird und sich beim Essen dann ganz wunderbar mit den Auberginen- und Tomatenringen verbindet.

ZUTATEN:

1 Aubergine
1 TL Salz
1 Tomate
100 ml Olivenöl
200 g Schafskäse
8–10 kleine Rosmarinzweige
¼ TL Pfeffer

Tipp:

Falls die Rosmarinzweige im Ofen zu braun werden, kannst du sie nach dem Backen auch durch frische Zweige austauschen. Achte darauf, dass das Backblech im Backofen nicht zu weit oben sitzt.

ZUBEREITUNG:

Schneide die Aubergine in 1 cm breite Scheiben, bestreue sie mit dem Salz und lasse sie etwa 30 Minuten lang stehen, damit die Bitterstoffe entzogen werden. Wasche sie danach aus und lege sie auf ein Küchentuch, damit das Wasser abtropfen kann. Tauche die Auberginenringe in das Olivenöl und lege sie nebeneinander auf ein mit Backpapier oder Backfolie belegtes Backblech. Schneide die Tomate in 3 mm dicke Scheiben und lege sie auf die Auberginen. Schneide den Schafskäse in 2x2 cm große Würfel oder stich sie mit einem runden, 2 cm Ø Ausstecher aus und lege den Schafskäse auf die Tomaten.

Stecke jeweils etwas Rosmarin in den Schafskäse und backe die Auberginenringe im vorgeheizten Backofen bei 180 °C O/U für etwa 15 Minuten. Bestreue sie danach mit etwas frisch gemahlenem Pfeffer und serviere sie warm.

Champignons mit Couscous

2 Portionen | Zubereitungszeit: 20 Min. | Backzeit: 10–15 Min.

Die gefüllten Champignons sind nicht nur schmackhaft, sondern auch eine tolle Resteverwertung. Denn sie können mit allem gefüllt werden, was der Kühlschrank hergibt.

Den würzigen Geschmack bekommt die Füllung durch den Weichkäse. Hierbei kann auch Schaf- oder Ziegenkäse verwendet werden, wenn die Füllung kräftiger schmecken soll.

ZUTATEN:

500 g große Champignons
50 g Couscous
100 ml kochendes Wasser
1 rote Spitzpaprika (ca. 50 g)
½ Frühlingszwiebel
4 Petersilienstängel
80 g Weichkäse
¼ TL Pfeffer
¼ TL getrocknete Minze
1 Prise Salz
2 EL Olivenöl

ZUBEREITUNG:

Reibe die Champignons mit einem Küchentuch ab, um den Schmutz zu entfernen. Nimm den Stiel heraus und öffne das Innere der Champignons leicht mit einem Teelöffel oder Kugelformer.

Überbrühe den Couscous mit dem kochenden Wasser und lasse ihn etwa 10 Minuten quellen. Schneide die Spitzpaprika in ganz feine, etwa 2–3 mm Würfel und hacke die Frühlingszwiebel und Petersilie fein. Zerkrümele den Weichkäse mit den Händen fein und verrühre nun den Couscous mit der Spitzpaprika, den Frühlingszwiebeln, der Petersilie, dem Weichkäse, dem Pfeffer, der Minze und dem Salz gut. Befülle die Champignons damit.

Fette eine Auflaufform mit dem Olivenöl und lege die Champignons hinein. Backe sie im vorgeheizten Backofen bei 190 °C O/U oder mit der Grillfunktion für etwa 10–15 Minuten. Serviere sie warm oder kalt.

Hähnchenspieße

an persischem Reis mit Kartoffelkruste

Zeitplan:

Hähnchen marinieren (20 Min.)
Wartezeit (90 Min.)
Reis ansetzen (20 Min.)
Hähnchen aufspießen & backen (15 Min.)
Salat zubereiten (15 Min.)
Soße erwärmen (5 Min.)

Die Hähnchenspieße sind ganz besonders raffiniert, da sie auf Rosmarinzweige aufgespießt werden. Dadurch nehmen sie nicht nur das wunderbare Aroma der Kräuter auf, sondern sie sehen auch total raffiniert aus. Dazu serviere ich einen persischen Reis, der sich dadurch auszeichnet, dass er beim Zubereiten eine Kruste bekommt. Hierbei gibt es die Möglichkeit eine Reiskruste zu bilden. Ich bevorzuge die Variante mit den Kartoffeln. Ich habe die Pfanne mit Kartoffelscheiben ausgelegt und diese angebraten. Anschließend wird der Reis in der Kartoffelkruste gedämpft.

Hähnchenspieße

4 Portionen | Zubereitungszeit: 35 Min. | Wartezeit: 2 Std.

ZUTATEN:

2 Knoblauchzehen
1 Stängel Bohnenkraut
300 g Joghurt (10 %)
Saft und Schale von
1 unbehandelten Zitrone
1 TL Salz
½ TL Pfeffer
4 große Hähnchenbrustfilets
8 feste Rosmarinzweige

ZUBEREITUNG:

Hähnchenspieße marinieren:
Schäle die Knoblauchzehen und reibe sie fein. Zupfe das Bohnenkraut ab und schneide die Blätter fein. Verrühre den Knoblauch, das Bohnenkraut, den Joghurt, die Zitronenschale und den -saft, das Salz und den Pfeffer. Schneide die Hähnchenbrustfilets in 3,5 Zentimeter große Würfel und verrühre sie mit zwei Drittel der Marinade. Lasse sie abgedeckt im Kühlschrank mindestens 2 Stunden marinieren.

Hähnchen aufspießen:
Zupfe die Rosmarinnadeln vom Zweig ab. Lasse nur an der Spitze ein paar Nadeln hängen. Spieße nun etwa 4 Hähnchenstücke auf einen Rosmarinzweig auf.

Lege die Hähnchenspieße auf ein mit Backpapier oder Backfolie belegtes Backblech und backe sie im Ofen bei 200 °C O/U für etwa 15 Minuten. Stelle den Backofen dann auf Grillstufe 250 °C und backe sie in etwa 5 Minuten fertig.

Fülle in der Zwischenzeit die übrige Marinade in einen kleinen Topf und lasse sie bei mittelhoher Hitze bis kurz vor dem Kochen erhitzen. Nimm die Soße vom Herd herunter und serviere sie zu den Hähnchenspießen.

Persischer Reis mit Kartoffelkruste (Tahdig)

4 Portionen | Zubereitungszeit: 20 Min. | Garzeit: 30 min

ZUTATEN:

250 g Basmatireis
1 Liter Wasser
1 TL Salz
60 g Butterschmalz
300 g geschälte Kartoffeln

Tipp:

Wenn du möchtest, dann verwende mehr Kartoffeln und belege auch den Rand der Pfanne mit den Kartoffeln, damit der Reis komplett eingepackt ist.

ZUBEREITUNG:

Wasche den Basmatireis gründlich unter fließendem Wasser in einem Haarsieb und fülle ihn dann gemeinsam mit dem Wasser und Salz in einen großen Topf und lasse ihn aufkochen. Lasse den Reis 5 Minuten köcheln und gieße danach das Wasser ab. Nach Belieben kann Kurkuma oder Safran zum Reis hinzugefügt werden, um eine gelbe Färbung zu erhalten. Ich wollte ihn allerdings weiß lassen, damit das Gericht kontrastreicher ist. Wer möchte kann auch Kreuzkümmel, Kardamom oder andere Gewürze zufügen.

Schneide die Kartoffeln in etwa 3 Millimeter dünne Scheiben oder hoble sie gleichmäßig. Erhitze das Butterschmalz in einer großen, beschichteten Pfanne bei mittlerer Hitze. Lege die Kartoffeln flächendeckend, spiralförmig in die Pfanne hinein, so dass der ganze Boden mit Kartoffeln bedeckt ist.

Brate die Kartoffeln nun ohne zu Rühren in der Pfanne etwa 5 Minuten bei mittelhoher Hitze an. Schalte dann die Hitze auf die geringste Stufe herunter und füge den Reis hinzu. Verteile den Reis ganz gleichmäßig über den Kartoffeln. Verschließe die Pfanne nun mit einem Deckel und lasse den Reis so 30 Minuten dämpfen.

Die Kartoffeln müssen eine Kruste bilden. Stürze den fertigen Reis anschließend auf eine Servierplatte und serviere ihn.

Salat

4 Portionen   Zubereitungszeit: 15 Min.

ZUTATEN:

2 Romana Salatherzen
100 g Cocktailtomaten
1 Frühlingszwiebel

Dressing:
½ Knoblauchzehe
½ TL Salz
1 EL Granatapfelsirup
3 EL Sonnenblumenöl
½ TL Zucker
1 EL Wasser
¼ TL Pfeffer
2 EL Senf

ZUBEREITUNG:

Wasche den Salat und schneide ihn in feine Streifen. Schneide die Tomaten in Viertel oder halbiere sie. Schneide die Zwiebel in feine Ringe.

Dressing:
Reibe die Knoblauchzehe fein. Verrühre sie mit dem Salz, dem Granatapfelsirup, dem Öl, dem Zucker, dem Wasser, dem Pfeffer und dem Senf und vermische das Dressing kurz vor dem Servieren mit dem Salat.

Frittierte Käsebomben

4 Portionen   Zubereitungszeit: 45 Min.

Die Käsebällchen sind außen knusprig und innen würzig und weich. Der Käse kann nach Belieben auch mit Kräutern verfeinert oder beispielsweise mit Kurkuma gefärbt werden.

ZUTATEN:

200 g Weichkäse (65 %)

Zum Panieren:
2 Eier
2 TL Cayennepfeffer
100 g Stärke
150 g Paniermehl oder Semmelbrösel
1 Liter Frittierfett

ZUBEREITUNG:

Zerkrümele den Käse mit den Händen und forme daraus 16 gleichgroße Bällchen. Es ist wichtig, dass ein fettreicher Käse verwendet wird, damit die Bällchen nicht auseinanderfallen.

Verrühre die Eier mit dem Cayennepfeffer mit einem Schneebesen und fülle die Mischung in einen tiefen Teller.

Fülle nun die Stärke und das Paniermehl in zwei separate Teller ein. Tauche die Käsebällchen zuerst in die Stärke, danach in die Eiermischung und dann ins Paniermehl.

Wiederhole den Vorgang erneut, so dass die Käsebälle doppelt paniert sind. Dann platzen sie beim Frittieren nicht auf.

Erhitze das Frittierfett in einem tiefen Topf bei mittelhoher Hitze auf 180 °C und frittiere die Käsebällchen darin für etwa 5–6 Minuten, bis sie goldbraun sind.

Frittierte Sardinenfilets mit Aioli

6 Portionen   Zubereitungszeit: 90 Min.

Für dieses Gericht habe ich Sardinen filetiert und diese durch einen Ausbackteig gezogen. Der Teig ist total luftig und wird beispielsweise in der japanischen Küche Tempura-Teig genannt. Die Filets habe ich frittiert und mit einer selbstgemachten Aioli serviert. Aioli ist eine kalte Creme, die aus Olivenöl, viel Knoblauch und Salz besteht. Hierfür sollte auf jeden Fall ein frisches Eigelb verwendet werden.

ZUTATEN:

1 kg Sardinen
2 Liter Frittierfett

Aioli:
2 Knoblauchzehen
1 Eigelb
½ TL Salz
¼ TL Pfeffer
1 TL Senf
2 EL Zitronensaft
100 ml Olivenöl

Ausbackteig:
1 Ei
½ TL Salz
200 g Mehl
1 Päckchen Backpulver (15 g)
175 ml sehr kaltes Mineralwasser
2 TL Kurkuma

Tipp:

Verwende statt der Sardinen kleine Sardellen, so sparst du dir das Filetieren.

ZUBEREITUNG:

Sardinen:
Wasche die Sardinen vorsichtig, trenne den Kopf ab und entferne mit dem Daumen die Innereien. Schneide auf beiden Seiten die Filets heraus und salze diese. Spieße jeweils ein Filet vorsichtig und wellenförmig auf einen Holzspieß auf.

Aioli:
Schäle die Knoblauchzehen und reibe sie fein. Rühre das Eigelb mit dem Knoblauch, dem Salz, Pfeffer, Senf und dem Zitronensaft für etwa 1 Minute cremig. Rühre nun das Olivenöl in einem ganz dünnen Strahl langsam hinzu. Es ist ganz wichtig, dass das Öl ganz langsam eingerührt wird, damit sich die Massen gut verbinden. Stelle die fertige Aioli bis zum Verzehr kühl.

Ausbackteig:
Verrühre das Ei mit dem Salz, dem Mehl, dem Backpulver, Kurkuma und dem Wasser und achte darauf, dass keine Klümpchen entstehen.

Erhitze das Frittierfett in einem großen Topf bei mittelhoher Hitze auf etwa 180 °C.

Ziehe die Fischfilets durch den Ausbackteig und frittiere sie für etwa 8 Minuten, bis sie goldbraun sind. Lege sie danach kurz auf ein Küchentuch, damit das überschüssige Fett abtropfen kann.

Serviere die heißen Fischfilets mit der kalten Aioli.

de BUYER
FRANCE

Gebackener Schafskäse

2 Portionen | Zubereitungszeit: 10 Min. | Backzeit: 20 Min.

Dieses Rezept bereite ich sehr gerne als warme Vorspeise, aber auch mal gerne als Abendessen zu. Besonders dann, wenn ich abends einfach mal keine Zeit habe und dennoch etwas schmackhaftes und warmes essen möchte. Hier bietet sich der Schafskäse aus dem Ofen hervorragend an. Er lässt sich ganz einfach vorbereiten und ist im Handumdrehen auch fertig. Dazu benötigt man nur noch ein paar geröstete Scheiben Brot. Besonders hübsch sieht es aus, wenn der Schafskäse in kleinen gusseisernen Pfannen serviert wird. Vor allem halten diese besonders lange warm.

ZUTATEN:

4 EL Olivenöl
200 g Schafskäse
4 Cocktailtomaten
1 rote Zwiebel
1 Knoblauchzehe
2 eingelegte Peperoni
1 Rosmarinzweig
1 Prise Pfeffer

ZUBEREITUNG:

Fülle das Olivenöl in zwei kleine Gusseisenpfannen oder in eine Auflaufform ein. Lege den Schafskäse darüber. Halbiere die Tomaten. Schäle die Zwiebel und schneide sie in feine Ringe. Schäle die Knoblauchzehe und schneide sie in feine Scheiben. Zupfe etwas Rosmarin ab.

Lege nun die Zwiebelringe, die Knoblauchscheiben, die Tomaten, die Peperoni und den Rosmarin über den Schafskäse darüber und bestreue alles mit etwas Pfeffer. Backe den Schafskäse im vorgeheizten Backofen bei 200 °C O/U für etwa 20 Minuten und serviere ihn noch ganz warm.

In unserem Garten wachsen die
Weintraubenblätter ungespritzt.
Am besten erntet man sie im Mai,
wenn sie noch jung und weich sind.

Sallys
Sallys

Gefüllte Weintraubenblätter
(Sarma)

200 Stück/5–6 Portionen   Zubereitungszeit: 90 Min.

Die gefüllten Weintraubenblätter kennt wahrscheinlich jeder. Viele sind vielleicht voreingenommen, weil sie die gefüllte Spezialität vom Feinkostladen kennen – manche mögen sie, manche können gar nichts mit dem Geschmack anfangen. Gib mir die Chance dir das Rezept meiner Mutter vorzustellen. Unsere Weintraubenblätter werden mit einer Reiszubereitung gefüllt. Hierbei wird der Reis mit geschmorten Zwiebeln angebraten und mit Tomatenmark und Kräutern verfeinert. Das Geheimnis der leckeren Speise ist die Zitrone: Sie verleiht den gefüllten Weintraubenblättern eine leichte Säure und macht sie dadurch sehr schmackhaft.

ZUTATEN:

Füllung:
250 g Öl
3 Zwiebeln
500 g Rundkornreis
150 g Tomatenmark
300 ml Wasser
1½ EL Salz
1 TL Pfeffer
1½ EL getrocknetes Bohnenkraut
1½ EL getrocknete Minze
1 EL getrockneter Chili
Saft von 1 Zitrone
½ Bund Petersilie
¼ Bund frische Minze

Zum Zubereiten:
etwa 200 Weinblätter
1 EL Salz
1 unbehandelte Zitrone

ZUBEREITUNG:

Füllung:
Schäle die Zwiebeln und schneide sie in kleine Würfel. Erwärme das Öl in einem großen Topf bei mittelhoher Hitze und brate die Zwiebeln darin mit dem Deckel für etwa 10 Minuten glasig an. Wasche inzwischen den Reis in einem Sieb mit kaltem Wasser ab und lasse ihn gut abtropfen. Füge den Reis zu den angebratenen Zwiebeln hinzu und lasse ihn 1 Minute mitbraten. Füge das Tomatenmark hinzu und rühre es etwa 2 Minuten lang ein. Lösche den Reis mit dem Wasser ab. Füge das Salz, den Pfeffer, das Bohnenkraut, die Minze und das Chili hinzu. Schalte den Herd aus und lasse den Reis abgedeckt 15–20 Minuten lang quellen.

Presse die Zitrone aus, hacke die Petersilie und Minze fein und rühre die Zutaten in den Reis ein. Lasse die Füllung etwas abkühlen und bereite inzwischen die Weinblätter vor.

Weinblätter:
Ich sammle die Weinblätter im Juni gerne selbst im Garten ein. Hierbei sollten junge, frische Blätter verwendet werden, damit sie beim Kochen weich bleiben. Wasche die Blätter und lege sie nach dem Waschen auf einen Stapel.

Bringe in einem großen Topf etwa 2 Liter Wasser zum Kochen und füge einen Esslöffel Salz hinzu. Blanchiere einen etwa 1 cm hohen Blätterstapel im Salzwasser: Lege hierfür den Stapel ins Wasser und drehe ihn nach etwa 30 Sekunden um. Nimm die Blätter nach weiteren 30 Sekunden heraus und lege sie zum Abtropfen auf ein Küchentuch.

Breite die Weinblätter mit den Adern nach oben auf einer Arbeitsfläche aus. Gib je nach Größe des Blattes einen Teelöffel bis Esslöffel der Füllung an den unteren Blattrand. Schlage beide Seiten ein und rolle die Weinblätter eng auf.

Lege eine Schicht ungefüllte Weinblätter in einen großen Topf. Diese schützen die gefüllten Weinblätter vor dem Ankleben und Anbrennen am Topfboden. Lege nun die erste Schicht Weinblätter quer in den Topf und die zweite Schicht längs darüber, damit später die Entnahme aus dem Topf einfach wird. Fülle so den gesamten Topf. Schneide eine unbehandelte Zitrone in Scheiben und lege sie über die gefüllten Weinblätter.

Fülle nun so viel Wasser in den Topf hinein, sodass der Topf zu einem Drittel gefüllt ist. Lege einen flachen Teller darauf, um die Weinblätter zu beschweren. Stelle den Topf auf den Herd und schalte den Herd auf höchste Stufe. Schalte den Herd auf niedrige Stufe herunter, sobald das Wasser kocht und verschließe den Topf mit einem Deckel.
Lasse die gefüllten Weinblätter 25–30 Minuten garen. Achte darauf, dass die Weinblätter nicht anbrennen.

Die gefüllten Weintraubenblätter können warm oder kalt gegessen werden. Serviere dazu nach Belieben Naturjoghurt.

Tipp:

Die Weinblätter werden nach dem Abkühlen ausgedrückt und als Stapel zusammengerollt und eingefroren. So hat man immer Weinblätter auf Vorrat.
Sie können dann bei Bedarf in kaltem Wasser aufgetaut werden.

Natürlich kannst du die Weinblätter auch kaufen. Bereite diese dann nach Packungsanleitung vor.

Mediterraner Schmorbraten

Zeitplan:

- Gemüse & Fleisch anbraten (30 Min.)
- Braten schmoren (80 Min.)
- Kartoffeln schälen (10 Min.)
- Kartoffeln schmoren (30 Min.)
- Zucchini & Karotten schneiden (5 Min.)
- Gemüse mitgaren (30 Min.)
- Soße einkochen (15 Min.)

Mediterraner Schmorbraten

8 Portionen Zubereitungszeit: 3 Std.

Schmorbraten klingt so altmodisch, ist es aber gar nicht. Einen Schmorbraten esse ich gerne im Herbst oder Winter, weil er so wärmend ist. Aber auch im Sommer kommt er immer gut an. Hier kannst du das Gemüse deiner Wahl verarbeiten und je nach Saison ein anderes Gemüse aussuchen. Das Gericht bereite ich in einem gusseisernen Schmortopf zu. Dieser hat eine optimale Wärmeleitfähigkeit und hält das Gericht auch nach dem Garen für lange Zeit warm. Durch das lange Schmoren wird das Fleisch extrem zart. Schmorgerichte sind in der Türkei bereits seit vielen Jahrhunderten Teil der traditionellen Küche. Oftmals werden sie stundenlang in einem Tontopf zubereitet, so dass das Fleisch beim Anrichten im wahrsten Sinne des Wortes zerfällt. Auch Bohnen und Okraschoten sind hierbei beliebte Zutaten.

ZUTATEN:

Schmorbraten:
2 rote Zwiebeln
2 Zwiebeln
10 EL Olivenöl
2 Beinscheiben
1,7 kg Rindfleisch vom Bug
1 TL Zucker
50 g Tomatenmark
600 ml Gemüsebrühe
2 TL Salz
½ TL Pfeffer
5 Stängel Oregano
2 Rosmarinzweige
4 Lorbeerblätter
5 Tomaten
2 gelbe Zucchini
4 Karotten
300 g Brechbohnen (TK)
1,2 kg festkochende Kartoffeln (mit Schale gewogen)

ZUBEREITUNG:

Schäle die roten und weißen Zwiebeln und schneide sie in Viertel.

Erhitze 2 Esslöffel Olivenöl in einer großen Eisenpfanne bei hoher Hitze und brate die Beinscheiben darin von jeder Seite etwa 1 Minute an, bis sie schön braun sind. Lege die Beinscheiben in einen großen Schmortopf. Erhitze weitere 2 Esslöffel Olivenöl in der Pfanne und brate das Rindfleisch darin rundherum ganz scharf an. Lege das Fleisch über die Beinscheiben.

Erhitze 4 Esslöffel Olivenöl in der Pfanne bei mittelhoher Hitze und brate die Zwiebeln darin für 3–4 Minuten an. Füge den Zucker hinzu und lasse ihn etwa 2 Minuten karamellisieren. Nimm die Zwiebeln aus der Pfanne heraus und lege sie zum Schmorbraten in den Schmortopf. Erhitze wieder 2 Esslöffel Olivenöl und brate darin das Tomatenmark für 1 Minute an. Lösche das Tomatenmark mit der Gemüsebrühe ab und lasse sie einmal aufkochen. Füge das Salz, den Pfeffer, den Oregano, die Rosmarinzweige und Lorbeerblätter hinzu. Verteile die Brühe nun über dem Fleisch. Der Bräter sollte nun zu einem Drittel mit der Brühe gefüllt sein. Schmecke die Brühe ab und füge bei Bedarf noch Salz und Pfeffer hinzu. Halbiere die Tomaten und entferne den Strunk.

Soße:
1 EL Stärke
2 EL Wasser

Lege die Tomaten in die Brühe und verschließe den Schmortopf. Lasse den Braten nun im vorgeheizten Backofen bei 180 °C O/U für mindestens 90 Minuten schmoren.

Schäle die Kartoffeln und viertele sie. Gib sie nach der Schmorzeit mit in den Bräter und gare sie für etwa 30 Minuten mit.

Schneide nun die Zucchini und die Karotten längs und gare sie gemeinsam mit den Brechbohnen weitere 30 Minuten mit.

Nimm zum Anrichten das Gemüse und das Fleisch aus dem Topf heraus. Schneide das Fleisch in 1–1,5 Zentimeter dicke Scheiben und richte es mit dem Gemüse und der Soße an.

Tipp:

Wenn du die Soße andicken möchtest, dann fülle sie in einen kleinen Topf ein und verrühre das Wasser mit der Stärke. Rühre die Stärkemischung in die Soße ein und lasse sie so lange kochen, bis die gewünschte Konsistenz erreicht ist.

Gegrillte Peperoni mit Käsesoße (Koşapka)

4 Portionen Zubereitungszeit: 30 Min.

Gegrillte Peperoni dürfen auf einer mediterranen Vorspeisenplatte absolut nicht fehlen. Egal ob als Grillbegleiter oder Appetithäppchen – diese Vorspeise ist nie verkehrt. Sie kann auf einem Grill oder auch ganz einfach im Backofen zubereitet werden. Vor allem die Käsesoße passt hervorragend zu den säuerlich-scharfen Peperoni. Die Käsesoße, im Tscherkessischen Koşapka genannt, wird auch oft zum Frühstück zubereitet. Hier lassen wir aber die Gewürze weg und bereiten sie nur aus Käse, Sahne und Mehl zu. Ela und Samira lieben diesen Käsedip, den oft ihre Tante Ahu zum Frühstück macht.

ZUTATEN:

Gegrillte Peperoni:
200 g eingelegte Peperoni
5 EL Olivenöl

Käsesoße:
100 g Weichkäse
100 g Sahne
1½ EL Mehl
¼ TL Pfeffer
2 Knoblauchzehen
1 EL rosenscharfes Paprikapulver
1 Prise Muskatnuss
1 TL Cayennepfeffer
½ TL Bockshornklee
1 TL Kurkuma
1 TL getrockneter Basilikum
1 TL getrockneter Oregano
2 EL Essig

ZUBEREITUNG:

Peperoni:
Stecke die Peperoni auf Spieße auf und bestreiche sie mit dem Olivenöl. Grille sie auf einem Grill oder im Backofen bei 190 °C Grillfunktion für etwa 10 Minuten von beiden Seiten. Sie können auch in einer Eisenpfanne angebraten werden. Hier verändern sie aber leicht die Farbe.

Käsesoße:
Zerbrösele den Weichkäse mit den Händen und verrühre ihn mit der Sahne in einem kleinen Topf. Lasse die Käsemischung nun aufkochen und rühre dann das Mehl mit einem Schneebesen ein. Reibe die Knoblauchzehen fein und füge sie nun mit dem Pfeffer, dem Paprikapulver, der Muskatnuss, dem Cayennepfeffer, dem Bockshornklee, dem Kurkuma, dem Basilikum, dem Oregano und dem Essig zur Käsemasse hinzu und lasse die Soße für etwa 1 Minute kochen.

Serviere die gegrillten Peperoni mit der Käsesoße.

Lauchsuppe (Pırasa Çorbası)

4 Portionen   Zubereitungszeit: 40 Min.

Diese wunderbar cremige Lauchsuppe passt eigentlich gut in die kalte Jahreszeit oder wärmt schön bei kühlen Regentagen. Während Lauch oft nur als Beilage verwendet wird, steht die würzig schmeckende Gemüsestange hier mal im Mittelpunkt. Lauch bekommst du auf dem Markt besonders frisch. Achte darauf, dass die Blätter knackig dunkelgrün sind und keine gelben, welken Stellen aufweisen. Und wer es lieber vegetarisch mag, lässt einfach das Hackfleisch weg.

ZUTATEN:

1 Zwiebel
2 Stangen Porree
2 Karotten
2 Kartoffeln
2 EL Olivenöl
300 g Hackfleisch vom Rind
600 ml Wasser
¼ TL Pfeffer
1 TL Salz
2 EL Frischkäse, Doppelrahmstufe
200 g Sahne
etwas Abrieb von
1 unbehandelten Zitrone
1 TL Zitronensaft

ZUBEREITUNG:

Schäle die Zwiebel und schneide sie in feine Würfel. Schneide den Porree in feine Streifen und wasche ihn gründlich durch. Schäle die Karotten und die Kartoffeln. Schneide die Karotten in Streifen und die Kartoffeln in 5 mm kleine Würfel.

Erhitze das Olivenöl in einem großen Topf bei mittelhoher Hitze und brate das Hackfleisch darin an, bis es krümelig ist. Füge nun die Kartoffelwürfel, die Karottenstreifen und den Porree hinzu und brate das Gemüse 3 Minuten mit an. Lösche es dann mit dem Wasser ab und würze die Suppe mit dem Pfeffer und dem Salz. Lasse die Suppe aufkochen und dann bei mittlerer Hitze etwa 15 Minuten köcheln.

Verrühre den Frischkäse mit der Sahne glatt und rühre dann 2 Schöpflöffel voll von der Suppe mit ein und püriere die Zutaten, bis sie sämig sind. Rühre die sämige Masse nun in die Suppe ein und lasse sie etwa 5 Minuten bei ganz schwacher Hitze köcheln.

Schmecke die Suppe mit dem Zitronenschalenabrieb und dem Zitronensaft ab.

Linsensuppe (Mercimek Çorbası)

4–6 Portionen | Zubereitungszeit: 10 Min. | Kochzeit: 25 min

Die Linsensuppe gehört schon zu unserem Standard-Rezeptsortiment auf jeder Messe. Unser gesamtes Sally-Team „fordert" diese leckere Speise ein. Für mich ist es auch optimal: Das Rezept lässt sich super vorbereiten und ist auch im Handumdrehen fertig. Auch mein Papa isst am liebsten die Linsensuppe – natürlich nach Mamas Rezept.

ZUTATEN:

200 g rote Linsen
150 g geschälte Zwiebeln
150 g geschälte Karotten
150 g geschälte Kartoffeln
1½ Liter Wasser
1 TL Salz
¼ TL Pfeffer
¼ TL Chiliflocken
1 TL getrockneter Thymian
Saft von 1 Zitrone

Soße:
2 EL Olivenöl
2 EL Tomatenmark
1 EL Pfefferminze

ZUBEREITUNG:

Wasche die Linsen in einem Haarsieb unter fließendem Wasser gründlich ab. Schneide die Zwiebeln, die Karotten und die Kartoffeln in etwa 1 cm kleine Würfel. Fülle das Gemüse gemeinsam mit den Linsen in einen großen Topf ein und lasse die Suppe aufkochen. Verwende hierfür am besten einen Überkochschutz und lasse die Linsensuppe für etwa 25 Minuten bei mittlerer Hitze kochen. Würze sie mit dem Salz, dem Pfeffer, den Chiliflocken, dem getrockneten Thymian und dem Zitronensaft. Püriere die Suppe mit einem Stabmixer.

Erwärme das Olivenöl in einem kleinen Topf. Füge das Tomatenmark und die Minze hinzu und brate diese Zutaten für etwa 1 Minute an. Rühre die Soße nun in die Suppe mit ein und schmecke sie nach Belieben erneut mit Zitronensaft ab. Ich mag die Suppe gerne etwas säuerlicher.

Lammkoteletts

mit Gewürzkartoffeln und Gurkensalat

Zeitplan:

Kartoffeln vorbereiten (20 Min.)
Lammkoteletts anbraten & vorbereiten (20 Min.)
Gurkensalat zubereiten (15 Min.)
Kartoffeln in den Ofen schieben (1 Min.)
Kräuter-Walnusskruste zubereiten (10 Min.)
Lammkoteletts mitbacken (10 Min.)

Dieses Gericht wird bei uns häufig zubereitet, weil es sehr einfach ist. Die Kartoffeln bekommen durch die vielen, verschiedenen Gewürze ein hervorragendes Aroma und durch den Safran eine leuchtende Farbe. Die Koteletts haben eine knusprige Kräuter-Walnusskruste, welche man gut vorbereiten und als kleine Portionen auch einfrieren kann. Der Gurkensalat passt meiner Meinung nach perfekt dazu, weil er total erfrischend ist. Diesen würze ich mit Koriander und Minze.

Gewürzkartoffeln

4 Portionen Zubereitungszeit: 15 Min. Backzeit: 30 Min.

ZUTATEN:

1 kg kleine, festkochende Kartoffeln (Drillinge)
1 Zwiebel
4 EL Olivenöl
200 ml kochendes Wasser
4–6 Safranfäden
4 Lorbeerblätter
2 TL gemahlener Kreuzkümmel
1 TL Koriandersamen
1 TL Pfeffer
½ TL Salz
1 Bund Frühlingszwiebeln

ZUBEREITUNG:

Vorbereitung:
Wasche die Kartoffeln gründlich und halbiere sie. Schäle die Zwiebel und schneide sie in feine Würfel. Erhitze das Öl in einem großen Topf bei mittelhoher Hitze und brate die Zwiebeln darin für 4–5 Minuten an. Füge die Kartoffeln hinzu und brate sie etwa 3–4 Minuten an. Verrühre das Wasser mit den Safranfäden und verrühre es mit den Lorbeerblättern, dem Kreuzkümmel, den Koriandersamen, dem Pfeffer und dem Salz und rühre es kurz in die Kartoffeln ein.

Kartoffeln backen:
Fülle die Kartoffeln gemeinsam mit dem Sud auf ein mit Backfolie oder Backpapier belegtes Backblech und backe die Kartoffeln im vorgeheizten Backofen bei 200 °C O/U für etwa 20 Minuten.

Stelle danach den Backofen auf Grillstufe und backe die Kartoffeln in 10 Minuten fertig. Wenn du das Menü zubereitest, ist das der Moment, an dem die Lammkoteletts mit in den Ofen kommen. Die Kartoffeln bleiben hierbei auf der unteren Einschubleiste und die Lammkoteletts werden mit einem eigenen Backblech unter den Grill gestellt.

Schneide die Frühlingszwiebeln in feine Ringe und vermische sie mit den Kartoffeln. Nimm vor dem Servieren die Lorbeerblätter heraus.

Lammkoteletts

mit Kräuter-Walnusskruste (Kuzu Pirzola)

4 Portionen Zubereitungszeit: 20 Min. Backzeit: 10 Min.

ZUTATEN:

Lammkoteletts:
50 g Butterschmalz
12 Lammkoteletts
1 TL Senf
¼ TL Salz
¼ TL Pfeffer
1 Prise Kreuzkümmel

Kräuter-Walnusskruste:
50 g Walnüsse
1 Knoblauchzehe
¼ TL Salz
¼ TL Pfeffer
1 Rosmarinzweig
1 TL Senfkörner
3 EL Semmelbrösel
50 g Butter

ZUBEREITUNG:

Erhitze das Butterschmalz in einer Eisenpfanne bei hoher Hitze und brate die Lammkoteletts nacheinander von jeder Seite etwa 30 Sekunden scharf an. Nimm sie aus der Pfanne heraus und lege sie auf ein mit Backfolie belegtes Backblech. Bestreiche sie ringsherum dünn mit dem Senf und bestreue sie mit Salz, Pfeffer und dem Kreuzkümmel.

Kräuter-Walnusskruste:
Zerkleinere die Walnüsse mit dem Knoblauch in einem Mörser. Füge das Salz und den Pfeffer hinzu. Zupfe die Rosmarinnadeln ab und hacke sie fein. Füge die Nadeln, die Senfkörner, die Semmelbrösel und die Butter hinzu und verrühre alles zu einer Masse.

Lege die Kräuter-Walnusskruste auf die Lammkoteletts und backe sie im vorgeheizten Backofen bei Grillfunktion (mindestens 200 °C) für etwa 10 Minuten. Serviere die Lammkoteletts sofort nach dem Backen.

Gurkensalat

4 Portionen   Zubereitungszeit: 15 Min.

ZUTATEN:

1 Gurke
½ Bund Koriander
½ Bund Pfefferminze
1 kleine Chilischote
½ TL Salz
¼ TL Pfeffer
Saft von 1 Zitrone
1 TL Joghurt (3,5 %)
4 EL Olivenöl

ZUBEREITUNG:

Verwende die Gurke nach Belieben mit Schale oder schäle sie. Halbiere sie und nimm das Kerngehäuse heraus. Schneide die Gurke anschließend in Halbmonde.

Hacke den Koriander, die Pfefferminze und die Chilischote klein. Verrühre das Salz, den Pfeffer, den Zitronensaft, den Joghurt und das Olivenöl und verrühre nun alle Zutaten miteinander.

Serviere den Gurkensalat am besten kalt. Wenn du kein Chili-Fan bist, dann lasse die Schote einfach weg.

Mini Bällchen in Tomatensoße (Domates Soslu Misket Köfte)

4 Portionen Zubereitungszeit: 45 Min.

„Misket" heißt übersetzt Murmel. So werden diese kleinen Frikadellen genannt, deren Größe an Murmeln erinnern. Im Sommer verwende ich hierfür gerne vollreife Tomaten. Dadurch wird die Tomatensoße noch aromatischer. Im Winter greife ich dann auf Tomaten aus der Dose oder nur Tomatenmark zurück.

ZUTATEN:

Mini Bällchen:
1 Zwiebel
5–6 Petersilienstängel
250 g Hackfleisch vom Rind
1 TL getrocknete Minze
1 TL getrockneter Majoran
1 TL Chiliflocken
¾ TL Salz
½ TL Pfeffer
1 TL Kreuzkümmel
8 EL Olivenöl

Tomatensoße:
1 Knoblauchzehe
30 g Butter
100 g Tomatenmark
300 ml Wasser
½ TL Salz
¼ TL Pfeffer
1 Prise Zucker
1 TL getrockneter Majoran
1 TL getrocknete Minze

ZUBEREITUNG:

Mini Bällchen:
Schäle die Zwiebel und reibe sie fein. Lege die Hälfte der Zwiebel für die Tomatensoße beiseite. Hacke die Petersilie fein.
Verknete nun die Hälfte der Zwiebel und die Petersilie mit dem Hackfleisch, der Minze, dem Majoran, den Chiliflocken, dem Salz, dem Pfeffer und dem Kreuzkümmel. Forme daraus etwa 1,5 cm große Bällchen. Erwärme das Olivenöl in einer beschichteten Pfanne bei mittelhoher Hitze und brate die Bällchen darin an, bis sie rundherum braun sind. Nimm sie dann aus dem Öl heraus. Verwende diese Pfanne für die Tomatensoße weiter – hier steckt nun der volle Geschmack darin.

Tomatensoße:
Schäle die Knoblauchzehe und schneide sie in feine Würfel. Erwärme die Butter in der beschichteten Pfanne bei mittelhoher Hitze und füge die Knoblauchwürfel und die übriggebliebene Zwiebel hinzu und brate diese etwa 3–4 Minuten an. Füge das Tomatenmark hinzu und brate es 1 Minute mit an. Lösche es mit dem Wasser ab und füge nun das Salz, den Pfeffer, den Zucker, den Majoran und die Minze hinzu und lasse die Soße aufkochen. Stelle nun den Herd auf niedrige Stufe und lasse die Soße etwa 20 Minuten lang einkochen.

Füge die Bällchen hinzu und serviere sie nach Belieben mit etwas Brot zum Tunken.

Nudelsuppe mit Hackbällchen

(Erzincan Çorbası)

4 Portionen   Zubereitungszeit: 60 Min.

Die Nudelsuppe ist das beste Rezept von meiner Mama. Sie ist in der Stadt Erzincan im Osten der Türkei geboren. Dort ist die Suppe eine Spezialität. Die selbstgemachten Nudeln sind etwas dicker als italienische Nudeln und heißen in der Türkei erişte. Für die Zubereitung trifft man sich mit der ganzen Familie, bereitet gleich mehrere Kilogramm Nudeln zu und trocknet diese ein paar Tage auf Küchentüchern und Tischdecken. Danach können sie gelagert werden, so dass man immer erişte auf Vorrat hat. Ich esse die Nudeln auch gerne mit etwas Joghurt und Knoblauch vermischt.

ZUTATEN:

Nudelteig:
1 Ei
100 g Mehl
1 EL Öl

Hackbällchen:
250 g Hackfleisch vom Rind
¼ TL Salz
¼ TL Pfeffer
ca. 50 g Mehl

Suppe:
1 Schalotte
1 EL Sonnenblumenöl
2 EL Tomatenmark
1 Liter Wasser
1 TL Salz
¼ TL Pfeffer
1 TL getrocknete Minze
1 TL getrockneter Oregano
¼ TL Chiliflocken
250 g Joghurt (10 %)
1 Knoblauchzehe

ZUBEREITUNG:

Nudelteig:
Verknete das Ei mit dem Mehl und dem Öl zu einem glatten Teig und lasse ihn 15 Minuten ruhen. Falls der Teig zu trocken ist, füge noch 1 EL Wasser hinzu. Er sollte aber fest sein und nicht kleben.

Hackbällchen:
Vermische das Hackfleisch mit dem Salz und Pfeffer. Forme kleine, ca. 1 cm große Kugeln daraus und wälze sie im Mehl.

Suppe:
Schäle und schneide die Schalotte in kleine Würfel. Erwärme das Öl in einem Topf bei mittelhoher Hitze und brate die Hälfte der Hackbällchen an, bis sie rundherum braun sind. Nimm die Hackbällchen aus dem Öl heraus und brate die zweite Portion an. Nimm die zweite Portion Hackbällchen auch aus dem Fett heraus. Gib nun die Schalottenwürfel in das restliche Öl. Füge noch etwas Öl hinzu, falls keines mehr vorhanden ist.

Brate die Schalottenwürfel darin etwa 3 Minuten an. Füge das Tomatenmark hinzu, brate es kurz an und lösche es mit dem Wasser ab.

Paprikasoße:
10 g Butter
1 TL Minze
1 TL Oregano
1 TL edelsüßes Paprikapulver

Würze die Suppe mit dem Salz, dem Pfeffer, der Minze, den Chiliflocken und dem Oregano und lasse sie aufkochen. Lasse die Suppe nun 10–15 Minuten bei mittlerer Stufe kochen.

Bereite inzwischen die Nudeln zu: Rolle den Teig dafür mit einem Ausrollstab oder der Nudelmaschine auf etwa 1 mm Stärke aus und schneide die Nudelplatte in 1–2 Millimeter breite Streifen. Schneide daraus etwa 3 cm lange Nudeln.

Gib dann die Hackbällchen und Nudeln in die Suppe und koche sie so lange, bis die Nudeln gar sind.

Reibe die Knoblauchzehe fein und verrühre sie mit dem Joghurt. Gib nun eine Schöpfkelle der Suppe mit zum Joghurt und rühre ihn damit glatt. Fülle ihn dann mit zur Suppe. Halte die Suppe für weitere 5 Minuten auf dem Herd warm, lass sie aber nicht mehr aufkochen.

Paprikasoße:
Schmilz die Butter in einem kleinen Topf und füge die Minze, den Oregano und das Paprikapulver hinzu und lasse die Butter kurz aufschäumen. Serviere die Nudelsuppe mit der Paprikasoße.

Tipp:

Du kannst auch mehr Nudeln zubereiten und diese gut trocknen und dann lagern. So hast du immer Nudeln auf Vorrat.

Zigarrenbörek (Sigara Böreği)

36 Stück Zubereitungszeit: 2 Std.

Das Zigarrenbörek hat den Namen von seiner typischen, zigarrenähnlichen Form. An sich hat es aber mit Zigarren nichts zu tun. Ich bezeichne es daher auch gerne als Sarma Börek – gerolltes Börek, weil es einfach besser klingt. Es besteht aus einem dünnen, knusprigen Filoteig, der mit Käse, oder auch gerne mal mit Rinderschinken gefüllt, gegessen wird. Ich finde es ist eine tolle Vorspeise, aber auch ein genialer Partysnack, denn die Börekstangen lassen sich super dippen!

ZUTATEN:

Filoteig:
550 g Mehl
4 EL Öl
1 Prise Salz
250 ml Wasser

Füllung 1:
300 g Weichkäse
1 Bund Petersilie

Füllung 2:
120 g Kashkaval Käse
120 g Rinderschinken (Pastırma)

Zum Frittieren:
2 Liter Frittierfett oder
Sonnenblumenöl

ZUBEREITUNG:

Filoteig:
Verknete das Mehl mit dem Öl, dem Salz und dem Wasser zu einem geschmeidigen Teig und lasse den Teig abgedeckt etwa 30 Minuten lang ruhen.

Füllung 1:
Zerkrümele den Weichkäse mit den Händen und hacke die Petersilie fein. Verrühre die Petersilie mit dem Käse.

Füllung 2:
Reibe den Kashkaval Käse fein und schneide den Rinderschinken in feine Streifen. Verrühre die Zutaten miteinander.

Teile den Teig in 90 Gramm schwere Teiglinge ein und forme diese zu Kugeln. Rolle jede Kugel einzeln auf einer bemehlten Arbeitsfläche mit einem Ausrollstab etwa tellergroß aus. Nimm dann einen dünnen Ausrollstab, den Oklava, zur Hand und rolle die Teigplatte auf etwa 35 cm Ø aus.

Schneide den Kreis in Viertel und belege die Viertel jeweils mit der Füllung deiner Wahl. Lege die Füllung an die runde Kante. Lege sie hierbei gerade hin und lasse am Rand etwa 3–4 cm Platz frei. Schlage die Ränder ein und rolle das Zigarrenbörek auf. Klebe die Spitze mit etwas Wasser an.

Erhitze das Frittierfett in einem großen Topf bei mittelhoher Hitze auf etwa 180 °C. Frittiere die Zigarrenbörek darin für etwa 4–5 Minuten, bis sie goldbraun sind. Nimm sie dann heraus und serviere sie warm oder kalt. Mir schmecken sie warm und frisch am besten.

I
sallys

Hauptgerichte mit Fleisch & Fisch

Hauptspeisen mit Fleisch & Fisch erinnern einen sofort an Urlaub, Sonne, Meer und Genuss. Dabei sind die verschiedenen Gerichte stets vielseitig und vielfältig. Es gibt Schmorgerichte, Ofenrezepte und natürlich auch Gegrilltes und vieles mehr. Mit meinen Rezepten für Fleisch und Fisch möchte ich dir zeigen, wie du dir und deinen Lieben das Urlaubsfeeling an den heimischen Esstisch holen kannst und einfach ein gutes Fleisch- oder Fischgericht zubereiten könnt. Ich habe für dich hauptsächlich Rezepte ausgewählt, die du je nach Jahreszeit und persönlichem Geschmack entweder auf dem Grill oder alternativ auch in der Pfanne oder im Ofen zubereiten kannst. Dabei gebe ich dir auch Einblicke in aromatische und würzige Rezepte der türkischen Küche, wie ich sie kenne und liebe. Von Lahmacun über Ofenkebab mit Kartoffeln und Hähnchen aus dem Ofen mit Honigmöhren – die ausgewählten Rezepte erinnern mich doch sehr an meinen Mann Murat: Ein Hauch Orient gepaart mit guter traditioneller Hausmannskost. Diese Mischung ist ganz nach meinem Geschmack und ich kann sie dir nur weiterempfehlen – denn mich macht sie immer wieder glücklich.

Als Beilage zu den Fleisch- und Fischgerichten kannst du dabei wie immer die Rezepte auch mit den anderen hier vorgestellten Kategorien kombinieren und deine Favoriten wählen. Ich hoffe, dass du in der Rezeptesammlung die eine oder andere neue Anregung für deine alltägliche Küche finden kannst, die dir und deinen Lieben eine geschmackvolle Hauptspeise beschert.

Fisch im Päckchen

2 Portionen | Zubereitungszeit: 15 Min. | Backzeit: 25 Min.

Ich liebe ja Ofenrezepte, weil man sie toll in den Alltag integrieren kann. Der Fisch im Päckchen ist das perfekte mediterrane Geschenk auf dem Esstisch.

ZUTATEN:

200 g Möhren
200 g Zucchini
2 rote Zwiebeln
2 EL Olivenöl
½ TL grobes Meersalz
¼ TL Pfeffer
1 Prise Zucker
4 Rotbarschfilets (frisch oder TK)
20 g Butter
Saft von 1 Zitrone
4 Stiele Oregano
1 Rosmarinzweig

ZUBEREITUNG:

Schäle die Möhren und schneide die Möhren und die Zucchini in dünne Stifte. Schäle die Zwiebeln und schneide sie in feine Ringe.

Lege zwei Bögen Backpapier aus und lege jeweils das Gemüse als Gemüsebett auf das Backpapier. Beträufele das Gemüse mit dem Olivenöl und bestreue es mit dem Meersalz, dem Pfeffer und dem Zucker.

Lege nun die Rotbarschfilets mit einem Stück Butter darüber und träufele den Zitronensaft darüber. Lege die Kräuter darüber und verschließe das Backpapier zu kleinen, verschlossenen Päckchen, indem du die Seiten einklappst und dann mit Küchengarn zubindest.

Setze die Päckchen auf ein Backblech und backe sie im vorgeheizten Backofen bei 200 °C O/U im unteren Drittel für etwa 25 Minuten.

Serviere den Fisch als geöffnetes Päckchen.

Garnelenpfanne

(Karides Güveç)

4 Portionen Zubereitungszeit: 40 Min.

Ich muss zugeben, dass ich vor einem Jahr im Türkeiurlaub das erste Mal Garnelen gegessen habe. Irgendwie mochte ich die seltsam aussehenden Gestalten nie probieren. Murat hingegen hat sich jeden Tag zum Mittagssnack die Garnelenpfanne bei unserem Freund Ali im Restaurant bestellt. Seine Frau bereitet die mit Abstand beste Garnelenpfanne zu. Damals hat mich der unglaublich leckere Duft der Garnelen, gepaart mit dem Knoblauch und der Paprika sehr hungrig gemacht. Seitdem liebe ich sie und bereite sie sogar selbst zu Hause zu. Also falls du auch bisher immer eine Abneigung gegen Garnelen oder Meeresfrüchte hattest, dann vertrau mir und versuche dich mal an dieser Garnelenpfanne.

ZUTATEN:

16 Garnelen
2 Knoblauchzehen
1 rote Spitzpaprika
100 g braune Champignons
150 g Butterschmalz
2 TL edelsüßes Paprikapulver
1 TL Chiliflocken
1 Prise Salz
1 Prise Pfeffer

Tipp:

Die Garnelen bekommst du auch im Tiefkühlfach. Diese sind bereits geschält und entdarmt. Allerdings schmecken sie frisch am besten und das Schälen und Entdarmen ist gar nicht so schwierig.

ZUBEREITUNG:

Bereite die Garnelen vor:
Nimm eine Garnele in die Hand und entferne den Kopf durch eine leichte Drehbewegung. Bei meinen Garnelen wurde der Kopf bereits entfernt. Schäle nun die Garnele, indem du die Schale vorsichtig vom Kopfende bis zum Schwanz hin abziehst. Achte darauf, dass der Panzer vollständig bis hin zum Schwanzende entfernt wird. Entferne hierbei auch die Beine und die Schwanzflosse.

Schneide die Garnele dann mit einem scharfen Messer am Rücken ein und entferne den Darm mit deinem Finger. Achte darauf, dass der Darm nicht verletzt wird, damit das Innere nicht austritt.

Wasche die Garnelen nun gründlich ab und lege sie zum Abtropfen auf ein Küchentuch.

Bereite die Garnelenpfanne zu:
Schäle die Knoblauchzehen und schneide sie und die Spitzpaprika in feine Würfel. Reibe die Champignons mit einem Küchentuch ab und schneide sie in Viertel.

Erhitze das Butterschmalz in einer tiefen Pfanne oder einem Wok bei mittelhoher Hitze. Brate zuerst die Garnelen darin für etwa 3 Minuten an. Brate die Garnelen am besten in 2 Portionen an, damit das Fett nicht zu stark abkühlt. Füge dann die Paprikawürfel und die Champignons hinzu und brate diese 3 Minuten mit an.

Füge nun die Knoblauchzehen, das Paprikapulver, die Chiliflocken, das Salz und den Pfeffer hinzu und schwenke die Zutaten eine weitere Minute in der Pfanne, bis sich alles gut verbunden hat.

Serviere die Garnelenpfanne in vorgewärmten gusseisernen Pfannen, damit sie lange heiß bleiben. Am liebsten esse ich dazu ein paar Scheiben Baguette oder Fladenbrot.

Produktinfo
Ich habe Black Tiger Garnelen verwendet. Diese sind schön groß und lassen sich hervorragend schälen. Sie haben breite Streifen und sind fast vollständig schwarz. Beim Erhitzen werden manche Farbstoffe zerstört, so dass nur die hitzebeständigen Farbstoffe erhalten bleiben. Daher wirkt die Garnele dann rötlich.

Dorade

auf einem Kartoffelbett

Zeitplan:

Kartoffeln vorbereiten (10 Min.)
Dorade vorbereiten & füllen (15 Min.)
Salat zubereiten (10 Min.)
Warten, bis das Gericht fertig ist (10 Min.)

Manche scheuen sich vor der Zubereitung eines Fisches. Dabei ist das gar nicht schwierig und vor allem gar nicht aufwändig. Wer die Kartoffeln lieber knusprig mag, legt den Fisch nicht mit auf das gleiche Blech, sondern bereitet ihn in einem separaten Blech zu. Der Fisch wird bei der Zubereitung im Backofen sehr zart und bleibt total saftig.

Dorade

auf einem Kartoffelbett

4 Portionen · Zubereitungszeit: 25 Min. · Backzeit: 35 Min.

ZUTATEN:

Kartoffelbett:
600 g Kartoffeln
3 TL grobes Meersalz
4 EL Olivenöl
¼ TL Pfeffer
2 Rosmarinzweige

Dorade:
4 küchenfertige Doraden (je ca. 300 g)
1 TL Meersalz
¼ TL Pfeffer
1 Zwiebel
1 Zitrone
¼ Bund glatte Petersilie
4 Rosmarinzweige
1 EL Olivenöl

ZUBEREITUNG:

Kartoffelbett:
Schäle die Kartoffeln und schneide sie in etwa 1 cm kleine Würfel. Verrühre sie mit dem Meersalz, dem Olivenöl und dem Pfeffer. Verteile die Kartoffeln auf einem tiefen Backblech und backe sie im vorgeheizten Backofen bei 200 °C O/U für etwa 15 Minuten vor.

Dorade:
Wasche jede Dorade gründlich und tupfe sie mit einem Küchentuch ab. Schneide sie auf jeder Hautseite etwa 3–4 Mal mit einem Messer ein. Würze die Haut und die Bauchhöhle mit dem Salz und Pfeffer. Schäle die Zwiebel, schneide sie in Ringe und schneide die Zitrone in Scheiben. Befülle die Doraden mit den Zwiebelringen, Zitronenscheiben, der Petersilie und einem Rosmarinzweig. Bestreiche die Doraden mit dem Olivenöl.

Nimm die Kartoffeln aus dem Ofen und bestreue sie mit den Rosmarinnadeln. Schiebe sie auf die Seite und lege die Doraden auf die freie Fläche des Backbleches.

Gare das Gericht nun für etwa 20 Minuten weiter.

Salat mit Joghurtdressing:
75 g Romanasalat
100 g Radieschen
4 Frühlingszwiebeln
100 g Cocktailtomaten
1 Karotte
¼ TL Salz
¼ TL Zucker
1 TL Senf
75 g Joghurt (10 %)
20 ml Weißweinessig
20 ml Rapsöl

Salat:
Schneide den Romanasalat in Streifen, die Radieschen in Scheiben und die Frühlingszwiebeln in feine Ringe. Halbiere oder viertele die Tomaten und rasple die Karotte fein.

Verrühre das Salz mit dem Zucker, dem Senf, dem Joghurt, dem Essig und dem Öl in einer Schüssel und vermenge den Salat damit.

Richte jeweils einen Fisch auf dem Kartoffelbett an und serviere dazu Salat. Beim Essen ziehe ich gerne die Haut ab und entferne die Füllung. Diese dient nur zur Aromagewinnung. Zuerst ziehe ich dann das obere Filet in Grätenrichtung ab. So werden alle Gräten aus dem Filet entfernt. Anschließend trenne ich den Kopf und Schwanz des Fisches ab, entferne die große Fischgräte und kann das untere Filet verzehren.

Gefüllter Bulgur

(Içli köfte)

4 Portionen Zubereitungszeit: 2 Std.

„Kibbeh" wird dieses orientalische Gericht gerne in arabischen Ländern genannt. Damit gemeint ist eine mit Hackfleisch gefüllte Bulgurmasse, die wahlweise frittiert oder in Salzwasser gegart wird. Die gekochte Variante ist etwas kalorienärmer als die frittierte – geschmacklich finde ich die frittierten Kibbeh allerdings deutlich besser. Wichtig bei der Zubereitung sind zwei Schritte: Die Bulgurmasse muss lange genug geknetet und die Frikadellen müssen glatt geformt werden, damit die Kibbeh beim Frittieren nicht platzen.

ZUTATEN:

Füllung:
1 Zwiebel
1 Knoblauchzehe
2 TL Butter
500 g Hackfleisch vom Rind
1 TL Paprikamark
1 TL Tomatenmark
100 g gehackte Walnüsse
½ TL Salz
¼ TL Pfeffer
1 Prise Kreuzkümmel
1 TL getrocknete Minze

Bulgur:
100 g mehligkochende Kartoffeln
300 g feiner Bulgur
100 g Weichweizengrieß
300–350 ml Wasser
1 TL Paprikapulver
1 TL Salz
¼ TL Pfeffer
1 TL Paprikamark

ZUBEREITUNG:

Füllung:
Schäle die Zwiebel und die Knoblauchzehe und schneide sie in feine Würfel. Erhitze die Butter in einer Pfanne bei mittelhoher Hitze und brate das Hackfleisch darin an, bis es krümelig ist. Füge die Zwiebel- und Knoblauchwürfel hinzu und brate sie für 3 Minuten mit an. Füge dann das Tomaten- und Paprikamark, die gehackten Walnüsse, das Salz, den Pfeffer, den Kreuzkümmel und die Minze hinzu und rühre alles gut durch. Lasse die Füllung dann abkühlen.

Bulgur:
Koche die Kartoffeln in einem Topf mit Salzwasser, bis sie weich sind. Lasse sie danach abkühlen und pelle die Schale ab.

Fülle den Bulgur und Weichweizengrieß in ein tiefes – bevorzugt ein gerilltes – Blech und übergieße sie mit etwas Wasser. Knete den Bulgur mit dem Weichweizengrieß für etwa 15 Minuten und knete immer etwas mehr Wasser ein. Die Masse sollte klebrig und gut formbar sein. Reibe die Kartoffeln fein und füge sie und das Paprikapulver, das Salz, den Pfeffer und das Paprikamark zur Bulgurmasse hinzu. Verknete die Zutaten erneut gut.

Entnehme nun eine golfballgroße Menge und forme diese zu einer glatten Kugel. Forme die Kugel leicht oval und drücke mit deinem Finger ganz vorsichtig eine Öffnung hinein. Arbeite hierbei langsam und

Zum Frittieren:
2–3 Liter Frittierfett

Joghurtsoße:
500 g Joghurt (10 %)
1 TL Salz
½ TL Pfeffer

Paprikasoße:
6 EL Butter
3 TL Paprikapulver

vorsichtig, damit die Wände nicht reißen. Die Öffnung sollte nun so groß sein, dass etwa 1 Esslöffel der Hackfleischfüllung hineinpasst. Befülle den Bulgur nun mit dem Hackfleisch und verschließe die Bulgurfrikadelle vorsichtig mit streichenden Bewegungen. Das erfordert ein wenig Übung. Am Ende soll die Frikadelle glatt sein und keine Risse haben, damit sie beim Frittieren nicht aufplatzt.

Erwärme nun das Frittierfett in einem hohen Topf bei mittelhoher Hitze auf etwa 180 °C und frittiere die Içli köfte darin für etwa 5–6 Minuten und wende sie hierbei auch. Sie sollten goldbraun sein. Nimm sie dann aus dem Fett heraus und lasse sie auf einem Küchentuch etwas abtropfen.

Joghurt- und Paprikasoße:
Verrühre den Joghurt mit dem Salz und dem Pfeffer.

Erhitze die Butter in einem kleinen Topf, füge das Paprikapulver hinzu und lasse die Butter einmal aufschäumen.

Serviere die Kibbeh mit dem Joghurt und der Paprikasoße.

I
Sallys
Sallys Welt

Sallys welt

Gefüllte Maultaschen

(Mantı)

10 Portionen Zubereitungszeit: 2–3 Std.

Mantı gehören zu den etwas aufwändigeren Rezepten in diesem Buch. Nicht, weil es ein schwieriges Rezept ist, sondern eher, weil es zeitaufwändig ist. Am liebsten bereite ich die kleinen Maultaschen mit meiner Familie zu. Da wird gleich die sechs- oder siebenfache Menge zubereitet und eingefroren. Und dann hat man immer Mantı auf Vorrat. So macht man das übrigens auch in der Türkei. Die Besonderheit liegt darin, die Maultaschen so klein wie möglich zu machen. In Kayseri passen etwa 40 Mantı auf einen ganz normalen Esslöffel. Verrückt, oder?

ZUTATEN:

Teig:
1700 g Mehl
750 ml warmes Wasser
3 Eier
3 EL Sonnenblumenöl
2 TL Salz

Fleischfüllung:
1 Zwiebel
750 g mageres Hackfleisch vom Rind
½ TL Pfeffer
1 TL Salz
1 Prise Chiliflocken

Joghurtsoße:
1 kg Joghurt (10 %)
1 EL getrocknete Minze
1 Knoblauchzehe
1 ½ TL Salz

Paprikasoße:
50 g Butter
2 EL edelsüßes Paprikapulver

ZUBEREITUNG:

Teig:
Verknete das Mehl mit dem Wasser, den Eiern, dem Sonnenblumenöl und dem Salz zu einem geschmeidigen und nicht klebenden Teig. Lasse den Teig abgedeckt etwa 30 Minuten ruhen und bereite inzwischen die Füllung vor.

Fleischfüllung:
Schäle die Zwiebel und reibe sie fein oder hacke sie in feine Würfel. Verknete die Zwiebel mit dem Hackfleisch, dem Pfeffer, Salz und den Chiliflocken.

Teile den Teig nun in etwa 8 Portionen ein und decke die Teigkugeln ab, damit sie nicht austrocknen.

Rolle den Teig nun mithilfe eines Oklavas (dünner Ausrollstab) so dünn wie eine Lasagneplatte aus. Alternativ kannst du auch eine Nudelwalze verwenden.

Schneide die runde Teigplatte nun in etwa 3x3 cm große Quadrate und lege eine kleine Portion der Füllung hinein. Nimm jeweils eine gefüllte, kleine Teigplatte in die Hand und schließe sie, indem du gleichzeitig alle Seiten nach innen drückst. Von oben betrachtet entsteht in der Mitte ein Kreuz.

Wenn dir die typische Zubereitung zu aufwändig ist, dann kannst du die Quadrate auch ganz einfach zu Dreiecken zusammenklappen.

Lege die Mantı in einem tiefen, bemehlten Blech ab und bemehle sie hin und wieder, damit sie nicht aneinanderkleben.

Bringe in einem großen Topf etwa 3 Liter Wasser zum Kochen und gib 1 EL Salz hinein.

Joghurtsoße:
Reibe die Knoblauchzehe fein und verrühre sie mit dem Joghurt, dem Salz, dem Pfeffer und der Minze.

Gib nun so viele Mantı wie du möchtest ins Salzwasser und gare sie darin für etwa 6 Minuten, bis sie an der Oberfläche schwimmen.

Paprikasoße:
Erhitze die Butter und füge das Paprikapulver hinzu und lasse die Soße einmal aufschäumen.

Serviere die Mantı mit dem Joghurt und der Paprikasoße. Ich vermische am liebsten den Joghurt mit den noch heißen Mantı und etwas vom heißen Salzwasser, damit sie nicht zu schnell abkühlen – denn ich esse sie mit viel Joghurt.

Tipp:

Die Mantı können auch in Portionen eingefroren werden. Bei Bedarf gibt man sie dann einfach tiefgefroren in kochendes Wasser und lässt sie so lange kochen, bis sie an der Oberfläche des Wassers schwimmen.

Varianten:
Nach Belieben können die Mantı auch vegetarisch mit einer Käse- oder Kartoffelfüllung zubereitet werden.

Gefüllte Ofenpaprika (Dolma)

4–6 Portionen | Zubereitungszeit: 35 Min. | Backzeit: 60 Min.

Für dieses Ofengericht werden kleine, grüne Paprikaschoten verwendet, welche ideal zum Füllen geeignet sind. Im türkischen Supermarkt findest du sie als „Dolmalık biber", auf Deutsch: befüllbare Paprikaschoten. Sie sind klein und haben eine rundliche Form. Der Deckel lässt sich ganz einfach abschneiden und somit hat man im Innern genügend Platz für die Füllung. Die Paprikaschoten können warm oder auch kalt gegessen werden.

ZUTATEN:

Füllung:
100 g Reis
1 große Zwiebel
2 EL Olivenöl
500 g Hackfleisch vom Rind
2 EL Tomatenmark
1 TL Paprikamark
1 ½ TL Salz
¼ TL Pfeffer
50 ml Wasser
¼ Bund Petersilie
10 Blätter Minze
16–20 kleine Paprikaschoten (Dolmalık biber)
1 Tomate

Tomatensoße:
1 Schalotte
1 EL Olivenöl
4 EL Tomatenmark
200 ml Wasser
½ TL Salz
½ TL Pfeffer
¼ TL Chiliflocken
1 Msp. Zimt
1 Prise Zucker

ZUBEREITUNG:

Füllung:
Wasche den Reis in einem Haarsieb mit kaltem Wasser ab. Schäle die Zwiebel und schneide sie in Würfel. Verknete nun den Reis, die Zwiebel, das Olivenöl, das Hackfleisch, das Tomaten- und Paprikamark, das Salz, den Pfeffer und das Wasser miteinander. Hacke die Petersilie und die Minze fein und rühre die Zutaten ebenfalls in die Füllung ein.

Tomatensoße:
Schäle die Schalotte und schneide sie in feine Würfel. Erhitze das Olivenöl bei mittelhoher Hitze und brate die Schalotte darin für 2–3 Minuten glasig an. Rühre das Tomatenmark und das Wasser ein und würze die Soße mit dem Salz, dem Pfeffer, den Chiliflocken, dem Zimt und dem Zucker. Lasse die Soße aufkochen und dann für etwa 5–10 Minuten bei geringer Hitze einkochen.

Schneide nun den Deckel der Paprikaschoten ab und hebe ihn auf. Nimm das Kerngehäuse aus den Paprikaschoten heraus. Befülle die Paprikaschoten zu Dreiviertel mit der Füllung. Schneide die Tomate in kleine Stücke und lege jeweils ein Tomatenstück auf die Füllung. Verschließe jede Paprikaschote mit dem Deckel und lege sie in einen Schmortopf. Übergieße sie mit der Tomatensoße und lasse sie im vorgeheizten Backofen bei 180 °C O/U mit geschlossenem Schmortopfdeckel für etwa 1 Stunde garen.

Serviere sie nach Belieben mit Joghurt.

Lammspieße

mit Zwiebelsalat und Fladenbrot

Zeitplan:

Am Vortag:
Lammfleisch schneiden und würzen (60 Min.)

Am nächsten Tag:
Fladenbrotteig ansetzen & Brote formen (30 Min.)
Lammfleisch aufspießen & kühl stellen (40 Min.)
Wartezeit (20 Min.)
Fladenbrote bestreichen & backen (20 Min.)
Wartezeit (20–40 Min.)
Zwiebelsalat vorbereiten & Brote besprühen (15 Min.)
Lammspieße grillen & Zwiebelsalat würzen (20 Min.)

Hier sind sie, die berühmten Lammspieße meines Papas. Schon seit meiner Kindheit bereitet er seine berühmten Spieße zu. Bis vor ein paar Jahren wusste ich nicht, dass es sich hierbei um Lammfleisch handelt und habe bis dahin immer felsenfest behauptet, ich möge kein Lamm. So geht es übrigens jedem, der vorher noch nie Papas Spieße gegessen hat. Glaubt mir, durch die einzigartige Gewürzmischung wird das Fleisch so schmackhaft und vor allem zart, dass ihr nie mehr etwas Anderes essen möchtet. Das Geheimnis liegt darin, das Fleisch in kleine Würfel zu schneiden, damit so viel Marinade wie möglich in das Fleisch einziehen kann. Lasst euch daher von der Portion nicht beirren. Pro Portion essen wir meist 5–8 Spieße. Dazu passt perfekt der Zwiebelsalat, der typischerweise mit Essigbaumgewürz zubereitet wird. Das selbstgemachte Fladenbrot ist kein Muss, aber auf jeden Fall sollte man es mindestens einmal selbst zubereitet haben. Es ist in der Zubereitung sehr einfach und wird ganz locker. Nach Belieben kannst du es auch mit Oliven oder eingelegten Tomaten und Peperoni zubereiten.

Lammspieße (Kuzu Şiş)

6 Portionen /30–35 Spieße | Zubereitungszeit: 90 Min. | Wartezeit: 12 Std.

ZUTATEN:

1 ½ kg Lammfleisch (Schulter)
3 EL Tomatenmark
3 TL Salz
3 EL edelsüßes Paprikapulver
3 TL Pfeffer
75 ml Sonnenblumenöl
Saft von 1½ Zitronen
6 EL getrocknetes Bohnenkraut (oder Thymian)
3 TL gemahlener Kreuzkümmel
3 EL getrocknete Minze
3 EL Chiliflocken

Tipp:

Falls Kinder mitessen sollten die Chiliflocken weggelassen werden.

ZUBEREITUNG:

Vorbereitung:
Schneide das Lammfleisch in 1,5 cm kleine Würfel. Hierbei sollte Fleisch verwendet werden, welches nicht zu mager ist. Am liebsten verwende ich Lammschulter. Schneide das Fleisch am besten selbst zu, denn in Metzgereien wird das Fleisch für Spieße oft zu groß geschnitten.

Verrühre nun das Tomatenmark, das Salz, das Paprikapulver, den Pfeffer, das Öl, den Zitronensaft, das Bohnenkraut, den Kreuzkümmel, die Minze und die Chiliflocken miteinander und knete die Gewürzpaste etwa 10 Minuten in das Fleisch ein.

Lasse das Fleisch abgedeckt über Nacht ziehen.

Spieße das Fleisch nun nicht zu eng auf Holz- oder Edelstahlspieße auf. Gare die Spieße nun auf dem Grill für etwa 4–5 Minuten, bis sie eine schöne Bräune haben. Serviere sie dann im Fladenbrot gemeinsam mit dem Zwiebelsalat.

Fladenbrot (Pide)

3 Brote · Zubereitungszeit: 30 Min. · Wartezeit: 75 Min. · Backzeit: 20 Min.

ZUTATEN:

Vorteig:
½ Würfel Hefe
oder 1 P. Trockenhefe
150 ml warmes Wasser
1 TL Zucker

Hauptteig:
450 ml warme Milch
70 g Olivenöl
1 EL Salz
950 g Mehl

Für die Finger:
6 EL Wasser
1 EL Mehl

Zum Bestreichen & Bestreuen:
1 Eigelb
1 EL Öl
2 EL Milch
1 EL Joghurt (3,5 oder 10 %)
30 g Sesam
30 g Schwarzkümmel

ZUBEREITUNG:

Vorteig:
Verrühre die Hefe mit dem Wasser und dem Zucker und lasse den Vorteig abgedeckt 15 Minuten ruhen, bis die Hefe schäumt.

Hauptteig:
Verrühre nun den Vorteig mit der warmen Milch, dem Öl, dem Salz und dem Mehl und knete den Teig etwa 10 Minuten durch.

Forme den Teig direkt zu Fladen. Teile ihn dafür in 3 gleich große Portionen. Forme diese jeweils zu einer Kugel und drücke diese mit den Händen flach zu einem Fladen. Lege diese auf ein mit Backfolie oder Backpapier belegtes Backblech. Lege jeden Fladen einzeln auf ein Backblech, da die Brote sehr groß werden.

Verrühre das Wasser mit dem Mehl und tauche die Finger hinein. Drücke die Finger dann in die Fladen, damit Vertiefungen entstehen. Tauche die Finger immer wieder vor dem Drücken in das Mehlwasser ein.

Decke die Fladen mit Frischhaltefolie ab und lasse sie etwa 1 Stunde aufgehen.

Drücke die Vertiefungen erneut mit den Fingern nach, indem du die Finger vorher wieder in das Mehlwasser tauchst.

Bestreichen & Bestreuen:
Verrühre das Eigelb mit dem Öl, der Milch und dem Joghurt und bestreiche die Teigfladen damit. Bestreue sie nach Belieben mit Sesam und Schwarzkümmel. Backe die Brote im vorgeheizten Backofen bei 200 °C O/U für etwa 20 Minuten, bis die Oberfläche goldbraun ist. Besprühe sie nach dem Backen direkt mit etwas Wasser und lasse sie eingewickelt in einem sauberen Geschirrtuch leicht abkühlen.

Zwiebelsalat (Soğan Salatası)

6 Portionen

Zubereitungszeit: 20 Min.

ZUTATEN:

6 Zwiebeln
6 EL Essigbaumgewürz
½ Bund Petersilie
Saft von 2 Zitronen
8 EL Olivenöl
2 TL Salz
1 TL Chiliflocken
¼ TL Pfeffer

ZUBEREITUNG:

Schäle die Zwiebeln und schneide sie in feine Halbringe. Hacke die Petersilie fein. Verrühre den Zitronensaft mit dem Öl, dem Salz, den Chiliflocken, dem Essigbaumgewürz und dem Pfeffer und verrühre den Salat erst kurz vor dem Verzehr mit dem Dressing.

Serviere nun die Lammspieße mit den Broten. Schneide hierfür die Fladenbrote auf und befülle sie mit dem Zwiebelsalat. Lege einen Lammspieß hinein und ziehe das Fleisch mithilfe des Brotes vom Spieß ab. Genieße die Lammspieße ganz heiß und frisch. So schmecken sie nämlich am besten.

Kebab-Ragout mit frittierten Kartoffelnestern (Çökertme kebabı)

4 Portionen Zubereitungszeit: 60 Min.

Dieses Kebabrezept trägt den Namen des gleichnamigen Ortes „Çökertme" in Bodrum, in der Türkei. Hierbei werden feingeriebene, streichholzähnliche Kartoffeln frittiert und mit Knoblauch-Joghurt und einem Rinder-Ragout serviert. Ich serviere das Ragout gerne neben dem Joghurt und die frittierten Kartoffelchips darüber – so bleiben sie schön knusprig.

ZUTATEN:

Joghurtsoße:
400 g Joghurt (10 %)
1 Knoblauchzehe
½ TL Salz
¼ TL Pfeffer

Ragout:
500 g Rinderfilet oder Entrecôte
1 Zwiebel
2 Knoblauchzehen
1 Tomate
1 große Spitzpaprika
40 g Butterschmalz
½ TL Kreuzkümmel
1 TL Salz
½ TL Pfeffer
1 TL getrocknetes Bohnenkraut
1 TL Chiliflocken
100 ml Fleischbrühe
4 Blätter Basilikum

Kartoffelstreifen:
800 g geschälte Kartoffeln
1 Liter Frittierfett

ZUBEREITUNG:

Joghurtsoße:
Schäle die Knoblauchzehe und reibe sie fein. Verrühre den Joghurt mit dem Knoblauch, dem Salz und dem Pfeffer.

Stelle die Joghurtsoße bis zum Verzehr in den Kühlschrank.

Vorbereitung:
Schneide das Fleisch in feine, etwa 1 cm breite und 3 cm lange Streifen. Schäle die Zwiebel und Knoblauchzehen und schneide sie in feine Würfel. Schneide auch die Paprika und Tomate in feine Würfel.

Kartoffelstreifen:
Schäle die Kartoffeln und reibe sie mit einer Küchenreibe in feine Streifen.

Erwärme das Frittierfett in einem großen Topf bei mittelhoher Hitze auf 180 °C.

Ragout:
Erhitze das Butterschmalz in einer großen Pfanne oder in einem Wok bei hoher Hitze und brate das Fleisch darin ganz scharf an, bis der Fleischsaft austritt und verdunstet ist. Füge die Zwiebeln hinzu und brate sie etwa 2 Minuten mit an. Füge nun die Paprika- und Tomatenwürfel, den Kreuzkümmel, das Salz, den Pfeffer, das Bohnenkraut, die Chiliflocken und die Fleischbrühe hinzu und lasse das Ragout aufkochen. Stelle die Herdplatte herunter, lasse es für 2–3 Minuten einkochen und schalte dann den Herd aus. Schneide das Basilikum in feine Streifen und bestreue das Ragout damit.

Frittiere in der Zwischenzeit die Kartoffeln in 2–3 Portionen, bis sie goldbraun sind und lasse sie auf einem Küchentuch etwas abtropfen.

Anrichten:
Gib nun etwas Joghurt auf einen Teller und verteile das Ragout außenherum. Lege die Kartoffeln als Kartoffelnest auf den Joghurt und serviere das Gericht sofort.

Tipp:

Ich verwende vorwiegend festkochende Kartoffeln.

Kichererbseneintopf

(Etli Nohut Yemeği)

4–6 Portionen Zubereitungszeit: 90 Min.

Besonders im Herbst und Winter esse ich Eintöpfe unglaublich gerne. Ich würze meinen eigenen Teller meist noch mit Chiliflocken nach, da ich gerne scharf esse. Weil aber die Kinder mitessen bereite ich den Eintopf immer mild zu.

ZUTATEN:

300 g Kichererbsen
350 g Rinderfilet
2 grüne Spitzpaprika
1 rote Spitzpaprika
1 Zwiebel
4 EL Olivenöl
1 EL Paprikamark
1 EL Tomatenmark
750 ml kochendes Wasser
1 TL edelsüßes Paprikapulver
½ TL Pfeffer
1 ½ TL Salz
1 Lorbeerblatt
1 TL getrocknetes Bohnenkraut

Tipp:

Du kannst auch bereits vorgekochte Kichererbsen aus der Dose nehmen. Diese müssen nicht eingeweicht und nicht vorgekocht werden.

ZUBEREITUNG:

Vorbereitung am Vortag:
Übergieße die Kichererbsen mit Wasser und lasse sie über Nacht zum Einweichen stehen.

Zubereitung des Eintopfes:
Gieße dann am nächsten Tag das Wasser ab, gib die Kichererbsen gemeinsam mit frischem Wasser in einen Topf und lasse das Wasser aufkochen. Es sollte so viel Wasser vorhanden sein, so dass die Kichererbsen überdeckt sind. Lasse sie nun etwa 20 Minuten lang bei mittlerer Hitze köcheln und nimm sie dann vom Herd herunter.

Schneide das Rinderfilet in 2 cm große Würfel und die Spitzpaprika und Zwiebel in feine Würfel. Erwärme das Olivenöl in einem großen Topf bei mittelhoher Hitze und brate die Zwiebelwürfel darin für etwa 3–4 Minuten an, bis sie glasig sind. Füge das Fleisch hinzu und brate es so lange mit an, bis die Fleischflüssigkeit austritt und verkocht. Brate dann die Paprikawürfel etwa 1 Minute mit an. Füge nun das Paprika- und Tomatenmark hinzu und brate es für 1 Minute mit an. Lösche alles mit dem Wasser ab und würze den Eintopf mit dem Paprikapulver, Pfeffer, Salz, Lorbeerblatt und dem Bohnenkraut. Lasse den Eintopf aufkochen und dann bei niedriger Hitze für etwa 1 Stunde köcheln, bis das Fleisch und die Kichererbsen weich sind. Nimm das Lorbeerblatt vor dem Servieren heraus.

Dazu servieren wir gerne türkischen Reis oder Bulgur.

Lahmacun

20 Lahmacun   Zubereitungszeit: 2 Std.

Lahmacun, oft bekannt als „Türkische Pizza", wird vielerorts zubereitet und ist aus der türkischen Küche nicht wegzudenken. Zu Hause bereiten wir die belegten Fladen sehr gerne zu. Zusammengerollt und mit Salat gefüllt schmecken sie uns am besten.

ZUTATEN:

Teig:
1 Würfel Hefe
500 ml Wasser
2 TL Zucker
1 kg Mehl
2 TL Salz
6 EL Olivenöl

Belag:
2 große Zwiebeln
5 Tomaten
3 grüne Spitzpaprika
½ Bund Petersilie
700 g Hackfleisch
2 EL Tomatenmark
2 EL Paprikamark
½ TL Chiliflocken
½ TL Pfeffer
1 TL getrocknete Minze
1 TL getrockneter Oregano
2 TL Salz

Beilagensalat:
1 Karotte
2 Tomaten
1 Gurke
1 Eisbergsalat
1 rote Zwiebel
Saft von 2 Zitronen
4 EL Olivenöl
½ TL Salz
¼ TL Pfeffer

ZUBEREITUNG:

Teig:
Verrühre die Hefe mit dem Wasser und dem Zucker. Knete nun das Mehl, das Salz und das Öl hinein und knete den Teig für etwa 10 Minuten durch. Forme ihn dann zu einer Kugel und lasse ihn abgedeckt für 1 Stunde ruhen.

Belag:
Schäle die Zwiebeln und schneide sie in ganz feine Würfel. Schneide die Tomaten und Paprikaschoten ebenfalls in feine Würfel. Hacke die Petersilie fein und verrühre nun das Gemüse mit dem Hackfleisch, dem Tomaten- und Paprikamark, den Chiliflocken, dem Pfeffer, der Minze, dem Oregano und dem Salz gründlich.

Teile den Teig in 20 Portionen ein. Rolle jede Kugel auf einer bemehlten Arbeitsfläche zu einem etwa 20–22 cm großen Kreis aus. Belege jeden Kreis mit etwa 2–3 Esslöffeln Füllung und verstreiche die Füllung mit zwei Gabeln vorsichtig.

Erhitze eine beschichtete Pfanne bei mittelhoher Hitze und lege nun mithilfe eines Tortenretters oder mithilfe eines Tellers oder Pfannenwenders ein Lahmacun hinein. Schließe den Deckel und gare das Lahmacun darin für 3–4 Minuten. Achte darauf, dass es nicht zu dunkel wird.

Nimm das Lahmacun nun aus der Pfanne heraus und verpacke es direkt luftdicht, damit es weich wird.

Ich stapele sie immer übereinander so, dass zwei Lahmacun mit der Fleischseite zueinander zeigen.

Salat:
Schäle die Karotte und reibe sie fein. Schneide die Tomaten und Gurke in Würfel und schneide den Eisbergsalat in feine Streifen. Schneide die Zwiebel in feine Halbringe. Würze den Salat mit dem Zitronensaft, dem Salz, dem Pfeffer und dem Olivenöl.

Serviere die Lahmacun mit dem Salat. Bei uns werden die Lahmacun auf dem Tisch angerichtet und jeder darf seinen selbst mit Salat befüllen.

Murats Fischpfanne

(Hamsi Tavası)

4–6 Portionen Zubereitungszeit: 60–90 Min.

Seitdem wir uns kennengelernt haben schwärmt Murat von der berühmten Fischpfanne. Murats Eltern stammen aus Sinop, einer Stadt am Schwarzen Meer. Dort sind Rezepte mit kleinen Sardellen sehr verbreitet und beliebt. Meine Schwiegermutter bereitet viele Gerichte mit den Fischen und auch mit Maismehl vor und das ist auch Murats Leibgericht der mediterranen Fischküche. Das Rezept ist im Prinzip ziemlich einfach und es werden nur wenige Zutaten benötigt. Das einzig aufwändige ist das Säubern der Fische. Stellt man den Genuss der Arbeit gegenüber, gewinnt ganz klar der Genuss. Hamsi gibt's ganz frisch zwischen November und Januar. Wir bestellen die kleinen Fische dann immer beim Fischer unseres Vertrauens. Aber auch in türkischen Supermärkten kann man sie vorbestellen.

ZUTATEN:

1½ kg kleine Sardellen
200 g Maismehl
50 ml Sonnenblumenöl

Zum Servieren:
Zitronen
Eisbergsalat
Tomaten
Gurken

ZUBEREITUNG:

Entferne durch eine leichte Drehbewegung den Kopf der Sardellen und säubere den Darm mit deinem Finger. Wasche die Sardellen in einem Sieb gründlich, aber vorsichtig ab.

Wende sie nun in Maismehl, damit sie komplett paniert sind.

Fette eine Eisenpfanne oder beschichtete Pfanne mit reichlich Sonnenblumenöl und lege nun die panierten Fische mit der Schwanzflosse nach innen ringsum in die Pfanne, bis ein geschlossener und dichter Kreis entsteht. Bei Bedarf kannst du auch ein paar Fische in die Mitte des Kreises legen, damit dieser komplett geschlossen und dicht ist. Stelle die Pfanne auf den Herd, schalte ihn auf mittlere Hitze und brate die Fische so lange, bis die Unterseite goldbraun ist. Das dauert etwa 7–9 Minuten. Wende die Fischpfanne mithilfe eines Tellers und brate die zweite Seite, bis sie auch goldbraun ist. Das dauert erneut etwa 6–7 Minuten. Gib nach Bedarf etwas Sonnenblumenöl in die Pfanne.

Je nach Größe der Fische und der Pfanne entstehen so etwa 4 Fischpfannen.

Serviere die Fischpfanne mit Salat, mit viel Zitrone und nach Belieben mit Tomaten und Gurken. Am liebsten esse ich sie pur mit Zitronensaft.

I

Lammlachse mit Kräuterkruste

serviert mit Fächerkartoffeln, Bohnensalat und Minzsoße

Zeitplan:

Lammlachse marinieren (15 Min.)
Kräuterkruste vorbereiten & einfrieren (15 Min.)
Bohnensalat zubereiten (20 Min.)
Minzsoße zubereiten (10 Min.)
Wartezeit (50 Min.)
Fleisch anbraten & bestreichen (3 Min.)
Kartoffeln zubereiten (20 Min.)
Ofen herunterschalten & Fleisch garen (7 Min.)
Kräuterkruste auf Lammlachse legen & fertiggaren (4 Min.)

Ich würde dieses Menü als „Angeber-Menü" bezeichnen, weil es angerichtet für viel Staunen unter deinen Gästen sorgen wird. Mit ein paar einfachen Tricks wird auch dir dieses Profi-Menü gelingen. Optisch und kulinarisch ist es ein absolutes Highlight! Die Lammlachse ist das wohl zarteste Fleisch. Die Fächerkartoffeln sehen kompliziert aus, sind aber einfach zubereitet. Der Bohnensalat wird in der türkischen Küche oftmals als Beilage zum Grillen serviert. Bohnen wirken im ersten Moment nicht ganz so attraktiv, passen aber geschmacklich hervorragend zum Fleisch und vor allem zur frischen Minzsoße. Die Kräuterkruste kann hervorragend auf Vorrat vorbereitet werden. Ich bereite gerne eine große Menge zu und schneide mir dann bei Bedarf eine Scheibe ab. Beachte beim Zubereiten des Menüs die Reihenfolge, damit die beiden Ofengerichte mit nur einem Backofen zubereitet werden können.

Lammlachse mit Kräuterkruste

4 Portionen Zubereitungszeit: 40 Min.

ZUTATEN:

Lammlachse:
2 Knoblauchzehen
2 Lammlachse
4 EL Olivenöl
4 Zweige Rosmarin
4 Zweige Thymian
½ TL gemahlener Kreuzkümmel

Kräuterkruste:
40 g Parmesan
½ Bund Petersilie
2 Zweige Thymian
20 g Mandeln
60 g weiche Butter
50 g Semmelbrösel
¼ TL Pfeffer

Zum Bestreichen & Würzen:
4 EL Olivenöl
1 Prise Salz
1 Prise Pfeffer
1 TL Senf

ZUBEREITUNG:

Lammlachse marinieren:
Schäle den Knoblauch und schneide ihn in feine Scheiben. Gib ihn gemeinsam mit dem Fleisch, dem Olivenöl, dem Rosmarin, dem Thymian und dem Kreuzkümmel in ein Gefäß und vermische alles gut. Lasse das Fleisch im Kühlschrank etwa 1 Stunde marinieren. Nimm es etwa 30 Minuten vor dem Anbraten wieder heraus, damit es nicht zu kalt ist.

Kräuterkruste für die Lammlachse:
Reibe den Parmesan fein und hacke die Petersilie und den Thymian. Mahle die Mandeln und verrühre nun den Parmesan, die Kräuter, die Mandeln, die weiche Butter, die Semmelbrösel und den Pfeffer. Streiche die Kräuterbutter etwa 3 mm dünn auf ein Backpapier und schlage es so ein, dass ein großes Rechteck entsteht. Rolle es bei Bedarf mit einem Ausrollstab glatt. Lagere es nun im Tiefkühlfach für etwa 1 Stunde.

Lammlachse zubereiten:
Erhitze das Olivenöl in einer Eisenpfanne bei hoher Hitze und brate die Lammlachse darin von jeder Seite etwa 30 Sekunden scharf an. Nimm es dann aus der Pfanne heraus. Bestreue es mit Salz und Pfeffer und bestreiche es mit dem Senf.

Lege das Fleisch auf ein mit Backpapier oder Backfolie belegtes Backblech und backe es im vorgeheizten Ofen bei 150 °C O/U für etwa 7 Minuten. Nimm das Fleisch heraus und lasse es etwa 5 Minuten ruhen.

Schalte den Ofen kurz vor dem Anrichten auf Grillfunktion. Schneide die Kräuterpaste auf die richtige Größe zu und lege die Kräuterplatte auf das Fleisch. Backe das Fleisch mit der Kräuterkruste direkt unter dem Grill in etwa 3–4 Minuten fertig.

Bohnensalat (Piyaz)

4 Portionen   Zubereitungszeit: 20 Min.

ZUTATEN:

960 g dicke Bohnen aus der Dose (Abtropfgewicht)
250 g Cocktailtomaten
1 rote Zwiebel
½ Bund Petersilie
4 EL Olivenöl
4 EL Granatapfelsirup
Saft von ½ Zitrone
1 TL Salz
1 Prise Pfeffer
1 TL Chiliflocken

ZUBEREITUNG:

Spüle die Bohnen mit Wasser ab und lasse sie abtropfen. Schneide die Tomaten in Viertel. Schäle die Zwiebel und hacke sie fein.

Hacke die Petersilie. Verrühre nun die Bohnen mit den Tomaten, der Zwiebel, der Petersilie, dem Olivenöl, dem Granatapfelsirup, dem Zitronensaft, dem Salz, dem Pfeffer und den Chiliflocken und lasse den Salat etwa 30 Minuten ziehen.

Minzsoße

4 Portionen   Zubereitungszeit: 10 Min.

ZUTATEN:

1 Bund frische Minze
2 TL Zucker
2 EL heißes Wasser
2 EL weißer Balsamico-Essig oder Weißweinessig

ZUBEREITUNG:

Zupfe die Minzblätter ab und lege sie auf ein Schneidebrett. Bestreue die Minzblätter mit dem Zucker und hacke sie mit einem Messer sehr fein. Der Zucker wirkt hierbei unterstützend.

Fülle nun die Minze mit dem Zucker in ein Gefäß und übergieße sie mit dem heißen Wasser und dem Essig. Lasse die Soße etwa 30 Minuten ziehen, damit sich die Zuckerkristalle lösen können. Die Soße passt hervorragend zum Lamm.

Fächerkartoffeln

4 Portionen | Zubereitungszeit: 25 Min. | Backzeit: 40 Min.

ZUTATEN:

800 g festkochende, längliche Kartoffeln
1 TL Salz
¼ TL Pfeffer
2 EL Olivenöl

ZUBEREITUNG:

Wasche die Kartoffeln, aber schäle sie nicht. Lege zwei Gegenstände, zum Beispiel Teighölzer oder Kochlöffel rechts und links neben die Kartoffel und schneide sie fächerartig im Abstand von 1 Millimeter ein. Achte darauf, dass du sie nicht durchschneidest. Bestreiche die Kartoffeln mit dem Öl und würze sie mit Salz und Pfeffer.

Lege die Kartoffeln auf ein mit Dauerbackfolie oder Backpapier belegtes Backblech und gare sie im vorgeheizten Backofen bei 220 °C O/U für etwa 40–45 Minuten. Sie sind perfekt, wenn sie außen knusprig und innen weich sind.

Serviere die Fächerkartoffeln gemeinsam mit dem Lamm. Schneide die Lammlachse mit einem scharfen Messer in etwa 5 Millimeter dünne Scheiben und lege sie leicht gefächert auf einen Teller. Richte dazu den Bohnensalat und die Minzsoße an.

Ofenhähnchen mit Honigmöhren

6 Portionen | Zubereitungszeit: 30 Min. | Wartezeit: 4–6 Std. | Backzeit: 60 Min.

Genuss aus dem Backofen. Hähnchenkeulen und Honigmöhren – mehr benötigt man nicht für ein richtig leckeres Mittag- oder Abendessen. Wer möchte, kann das Hähnchen mit ein paar Scheiben Brot servieren. Das Brot tunke ich gerne in den Hähnchensud, weil er einfach so unglaublich lecker ist. Ich liebe Ofenhähnchen, weil man es bereits am Abend zuvor oder morgens vorbereiten kann und dann das Gericht nur noch in den Backofen schieben muss.

ZUTATEN:

Ofenhähnchen:
6 Hähnchenkeulen
1 Knoblauchzehe
3 Zweige Rosmarin
6 EL Olivenöl
3 EL edelsüßes Paprikapulver
1 EL Curry
¼ TL Pfeffer
2 TL Salz
1 TL Chiliflocken
1 TL Tomatenmark
2 TL Honig

Honigmöhren:
1 Bund junge Möhren
2 Knoblauchzehen
½ TL Salz
¼ TL Pfeffer
1 EL Weißweinessig
3 EL Olivenöl
3 Zweige Thymian
2 EL Honig

ZUBEREITUNG:

Ofenhähnchen:
Wasche die Hähnchenkeulen gründlich und tupfe sie dann mit einem Küchentuch ab. Reibe die Knoblauchzehe fein und hacke die Nadeln des Rosmarins fein. Verrühre das Olivenöl mit der Knoblauchzehe und dem Rosmarin, dem Paprikapulver, dem Curry, dem Pfeffer, dem Salz, den Chiliflocken, dem Tomatenmark und dem Honig. Massiere die Marinade nun in das Hähnchen ein. Decke die Hähnchenkeulen ab und lasse sie im Kühlschrank etwa 4–6 Stunden, oder auch über Nacht marinieren.

Honigmöhren:
Wasche die Möhren und schneide das Grün so ab, dass noch etwa 2 cm Grün an den Möhren stehen bleibt. Halbiere sie längs. Schneide die Knoblauchzehen in feine Scheiben. Verrühre die Knoblauchzehen mit dem Salz, dem Pfeffer, dem Essig, dem Olivenöl, den Thymianzweigen und dem Honig und übergieße die Möhren damit. Die Vorbereitung der Hähnchenteile und der Möhren kann bereits im Voraus gemacht werden, so wird das Abendessen zum Kinderspiel.

Ab in den Backofen:
Lege die Hähnchenkeulen mit der Unterseite nach oben auf einen Backrost und stelle ein tiefes Backblech mit einer Dauerbackfolie oder Backpapier darunter, damit das überschüssige Fett abtropfen kann. Stelle sie so in den vorgeheizten Backofen und backe sie bei 200 °C O/U für etwa 20 Minuten und wende sie dann. Bestreiche die Hähnchenteile erneut mit der Marinade. Lege nun auch die Möhren mit der Marinade in das Blech hinein, so dass die Flüssigkeit der Hähnchen weiterhin darauf tropfen kann. Backe die Hähnchenteile und die Möhren für etwa 30 Minuten. An den Hähnchenkeulen befindet sich eine Sehne, die sich dann löst, wenn die Hähnchen gar sind. Daran erkennst du den optimalen Garpunkt. Nach etwa 30 Minuten haben die Möhren – je nach Dicke – noch Biss und sind sehr schmackhaft.

Nimm die Möhren aus dem Ofen heraus und stelle den Backofen nun auf Grillfunktion 220 °C und backe die Hähnchenteile für weitere 5–10 Minuten, bis sie Farbe bekommen.

Serviere die Hähnchenkeulen mit den Honigmöhren.

Ofenkebab mit Kartoffeln

4 Portionen | Zubereitungszeit: 30 Min. | Backzeit: 45 Min.

Dieses Kebabgericht habe ich bereits vor einiger Zeit auf meinem YouTube Kanal veröffentlicht. Weil es so lecker und einfach ist, wollte ich es unbedingt mit in mein Buch aufnehmen. Gerne kannst du auch statt Kartoffeln Zucchinis oder Auberginen hinzufügen.

ZUTATEN:

Hackbällchen:
1 rote Zwiebel
1 Knoblauchzehe
2 Scheiben Toastbrot oder Weißbrot
½ Bund Petersilie
500 g Hackfleisch vom Rind
1 ½ TL Salz
½ TL Pfeffer
½ TL Chiliflocken
½ TL Kreuzkümmel

Kartoffeln:
8 mittelgroße Kartoffeln
3 EL Olivenöl
1 EL edelsüßes Paprikapulver
1 ½ TL Salz
¼ TL Pfeffer
4–6 grüne Spitzpaprika

Soße:
2 TL Tomatenmark
100 ml Wasser

ZUBEREITUNG:

Hackbällchen:
Schäle die Zwiebel und die Knoblauchzehe und schneide sie in feine Würfel. Tauche das Brot kurz in Wasser und drücke es aus. Hacke die Petersilie fein. Verknete die Zwiebeln mit dem Knoblauch, dem Brot, dem Hackfleisch, dem Salz, dem Pfeffer, den Chiliflocken, dem Kreuzkümmel und der Petersilie. Forme aus der Hackmasse etwa 2,5 cm große Kugeln.

Kartoffeln:
Schäle die Kartoffeln und schneide sie in etwa 3 mm dicke Scheiben. Verrühre sie mit dem Olivenöl, dem Paprikapulver, dem Salz und dem Pfeffer.

Schneide die Spitzpaprika in 3–4 cm lange Streifen.

Lege nun die Hackbällchen im Wechsel mit den Kartoffelscheiben in eine Auflaufform hinein. Lege die Paprikaschoten darüber. Backe das Gericht nun im vorgeheizten Ofen bei 200 °C O/U für etwa 35 Minuten.

Soße:
Verrühre in der Zwischenzeit das Tomatenmark mit dem Wasser.

Bestreiche nach der Backzeit die Hackbällchen, Kartoffeln und Paprikaschoten mit der Soße und backe sie weitere 5–10 Minuten, bis die Kartoffeln gar sind. Führe hierbei eine Garprobe mit einer Gabel durch. Sind die Kartoffeln weich, ist das Gericht fertig.

Dazu passt perfekt der türkische Reis (Seite 45).

Sallys Welt

Scharfer Spieß (Adana Kebabı)

3–4 Portionen (6 Spieße) Zubereitungszeit: 60 Min.

Adana Kebab – das ist wohl eine der berühmtesten Kebabspezialitäten und auch bei vielen sehr beliebt. Typischerweise sind die Spieße sehr scharf – sie können aber nach Belieben auch mild zubereitet werden. Der besondere, kräftige Geschmack kommt durch das Lammfett zustande. In der Türkei wird das Fett des Lammschwanzes dafür verwendet. Ich weiß, dass viele in meinem Bekannten- und Freundeskreis kein Lamm mögen. Gut gewürzt schmeckt es aber fast allen sehr gut. Die Spieße lassen sich toll vorbereiten und dazu reiche ich gerne eine Joghurtsoße oder das selbstgemachte Ayvar.

ZUTATEN:

Adana Spieß:
500 g Lammfleisch
125 g Lammfett
1 rote Spitzpaprika
1 Zwiebel
1 Knoblauchzehe
2 EL Chiliflocken
½ TL Pfeffer
1 ½ TL Salz
¼ TL Kreuzkümmel

Zum Servieren:
6 Lavaş Brote oder Yufkablätter
2 rote Zwiebeln
½ Bund Petersilie

Nach Belieben:
Ayvar

ZUBEREITUNG:

Verwende zum Spießen 6 breite Edelstahlspieße, damit das Adana Kebab daran haften kann. Lege die Spieße für 30 Minuten ins Gefrierfach, damit das Fleisch besser daran haftet.

Hacke das Fleisch und das Fett ganz fein mit einem Messer oder zerkleinere es mit einem Fleischwolf grob. Hacke die Spitzpaprika, die Zwiebel und die Knoblauchzehe sehr fein. Vermische die Zutaten mit den Chiliflocken, dem Pfeffer, dem Salz und dem Kreuzkümmel und verknete sie gut.

Nimm nun eine etwa handgroße Teigkugel und drücke sie mithilfe deiner Hand auf den Spieß, so dass ein langer, flacher Spieß entsteht. Forme die Spieße mit den Fingern so, dass Rillen darin entstehen.

Lege die Spieße für 1 Stunde ins Gefrierfach. Sie können somit auch hervorragend vorbereitet werden.

Grille die Spieße auf einem Holzkohle- oder Gasgrill nun von der einen Seite so lange, bis sich eine Kruste gebildet hat und drehe sie erst um, wenn sie sich leicht vom Grill lösen. Das dauert etwa 5 Minuten. Grille sie nun von der zweiten Seite in etwa 3 Minuten fertig. Alternativ können sie auch in einer großen, gut gefetteten Eisenpfanne oder auf einem Teppanyaki Grill zubereitet werden.

Serviere die Adana Spieße in Lavaş Broten oder in Yufkablättern und richte dazu etwas Petersilie, fein geschnittene rote Zwiebeln und nach Belieben Ayvar an.

Tipp:

Ich habe zum Zubereiten ein fettreiches Lammfleisch verwendet und dieses vor der Zubereitung in Fett und Fleisch getrennt. Anschließend habe ich die benötigte Menge Fleisch und Fett abgemessen. Dieser Vorgang ist sehr wichtig, damit das Verhältnis von Fleisch zu Fett stimmt und die Spieße nicht auseinanderfallen.

Lammschulter und Brechbohnen

unter der Brotkruste mit Auberginen-Reis

Zeitplan:

Am Vortag:
Fleisch marinieren (15 Min.)

Am nächsten Tag:
Lammschulter in die Backform legen (10 Min.)
Brotkruste zubereiten (15 Min.)
Wartezeit (2 Std.)
Reis zubereiten (35 Min.)
Lamm fertiggaren (10 Min.)

Das ist ein absolutes Festtagsessen. Ich gebe zu, dieses Menü gehört wahrscheinlich zu den sehr aufwendigen Menüs in diesem Buch, aber für einen feierlichen Anlass, für einen gemeinsamen Abend mit der Familie lohnt sich die Zubereitung auf jeden Fall. Ich habe die Lammschulter über Nacht mariniert und sie dann gemeinsam mit Brechbohnen unter einer Teigkruste zubereitet. Dazu habe ich einen Safranreis mit gebratenen Auberginen und exotischen Gewürzen zubereitet.

Lammschulter

unter der Brotkruste mit Brechbohnen

4 Portionen | Zubereitungszeit: 45 Min. | Wartezeit: 1 Tag | Backzeit: 2 Std.

ZUTATEN:

1 kleine Lammschulter (ca. 2 kg)

Marinade:
8 Zweige Thymian
4 Zweige Rosmarin
4 Knoblauchzehen
100 ml Olivenöl
2 TL Salz
2 TL Pfeffer
1 TL Koriandersamen
2 TL Kurkuma
4 Zweige Rosmarin zum Pikieren

Zum Zubereiten:
3 Zwiebeln
3 rote Zwiebeln
400 ml Wasser
4 EL Olivenöl
1 kg Brechbohnen (TK, aufgetaut)

Brotteig:
260 ml warmes Wasser
1 TL Zucker
1 TL Trockenhefe
1 TL Salz
500 g Mehl
2 EL Öl

Tipp:

Pro Kilogramm Lamm lässt man die Lammschulter 1 Stunde garen.

ZUBEREITUNG:

Lammschulter vorbereiten:
Schneide die Lammschulter an mehreren Stellen mit einem scharfen Messer etwa 2–3 Zentimeter tief ein.

Marinade:
Zupfe die Thymianblätter und die Rosmarinnadeln ab. Schäle die Knoblauchzehen und schneide sie in feine Scheiben. Verrühre die Kräuter mit dem Olivenöl und dem Knoblauch, dem Salz, dem Pfeffer, den Koriandersamen und dem Kurkuma in einem Mörser und zerstoße die Kräuter damit.

Bestreiche die kleine Lammschulter mit der Marinade und stecke die Rosmarinnadeln in die Vertiefungen. Decke die Lammschulter ab und stelle sie über Nacht zum Durchziehen in den Kühlschrank.

Lammschulter garen:
Schäle die Zwiebeln und schneide sie in Viertel. Gib die Zwiebeln, das Wasser und das Öl in eine große Auflaufform und lege die Lammschulter darauf.

Brotteig:
Verrühre das Wasser mit dem Zucker und der Hefe. Füge das Salz, das Mehl und das Öl hinzu und knete den Teig etwa 10 Minuten geschmeidig. Rolle ihn auf die Größe der Backform aus.

Lege die Brotdecke vorsichtig über das Fleisch, drücke sie am inneren Rand der Backform etwas fest und stich sie mit einer Gabel mehrmals ein. Gare nun die Lammschulter im Ofen bei 170 °C O/U für etwa 2 Stunden.

Nimm die Lammschulter aus dem Ofen und brich die Brotdecke ab. Sei vorsichtig und verbrenne dich nicht am heraustretenden Dampf! Lege die Brotkruste zum Servieren zur Seite. Wenn sie etwas weich werden soll, dann packe sie in ein sauberes Geschirrtuch ein.

Lege die Brechbohnen zum Lamm dazu und stelle das Lammgericht in den Backofen und lasse es bei Grillfunktion 250 °C etwa 10 Minuten garen. Nimm das Fleisch aus dem Ofen und lasse es 10 Minuten ruhen.

Auberginen-Reis

4 Portionen   Zubereitungszeit: 35 Min.

ZUTATEN:

200 g Basmati Reis
1 Aubergine
1 Zwiebel
6 EL Olivenöl
100 g Korinthen
3 Kardamom Kapseln
1 Messerspitze Zimt
¼ TL Kreuzkümmel
1 TL Kurkuma
1 TL Salz
½ TL Pfeffer
500 ml Wasser

ZUBEREITUNG:

Wasche den Reis in einem Haarsieb zweimal durch.

Schneide die Aubergine in Streifen. Schäle die Zwiebel und schneide sie in feine Würfel. Erhitze 3 Esslöffel Öl in einem großen Topf bei mittelhoher Hitze und brate die Auberginen darin für 4 Minuten an. Nimm sie aus dem Topf heraus und brate die Zwiebelwürfel im restlichen Öl etwa 3 Minuten an. Füge nun die Korinthen, die Kardamomkapseln, das Zimt, den Kreuzkümmel, den Kurkuma, das Salz und den Pfeffer hinzu und rühre die Gewürze etwa 1 Minute durch. Füge den Reis hinzu und brate ihn 2 Minuten mit an. Gib nun auch wieder die Auberginen dazu. Übergieße ihn nun mit dem Wasser und lasse das Wasser aufkochen. Stelle den Herd herunter und lasse den Reis abgedeckt etwa 20 Minuten bei niedriger Stufe ziehen.

Serviere die Lammschulter mit den Bohnen und der Brotkruste und nach Belieben mit dem Reis. Ich finde es ganz hübsch, wenn der Reis vorsichtig in ein Schälchen gedrückt und anschließend auf Teller gestürzt wird.

Wasserbörek (Su Böreği)

31 cm /6–8 Portionen Zubereitungszeit: 90 Min. Backzeit: 55 Min.

Das Su Böreği ist ein wenig vergleichbar mit der italienischen Lasagne. Zuerst werden Nudelblätter ausgerollt. Damit das Börek schön saftig wird, werden die Nudelblätter in Wasser gegart und dann mit einer Füllung belegt und im Ofen gebacken. Ich bereite es am liebsten mit einer Hackfleischfüllung zu. Meine Mutter hat das Börek, weil es etwas aufwändiger ist, immer an Ramadan zubereitet. Somit war und ist es für uns bis heute noch etwas sehr Besonderes und wird gerne an Feiertagen zubereitet. Ich muss aber gestehen, dass ich gerne in der Küche stehe und es somit für mich keine große Arbeit ist, weil das Endergebnis hervorragend ist.

ZUTATEN:

Nudelteig:
5 Eier
2 EL Essig
1 TL Salz
500 g Mehl

Füllung:
2 Zwiebeln
6 EL Sonnenblumenöl
1 kg Hackfleisch vom Rind
1 TL Salz
¼ TL Pfeffer
½ Bund Petersilie

Außerdem:
3 Liter Wasser
100 ml Sonnenblumenöl
3 Liter eiskaltes Wasser
Eiswürfel
200 g Butter

ZUBEREITUNG:

Nudelteig:
Verrühre die Eier mit dem Essig und dem Salz. Füge nun das Mehl hinzu und knete den Teig etwa 7 Minuten, bis er geschmeidig ist. Füge nach Bedarf 2–3 Esslöffel Wasser hinzu, falls nötig. Lasse den Teig abgedeckt etwa 30 Minuten ruhen.

Füllung:
Schäle die Zwiebeln und hacke sie fein. Hacke die Petersilie klein. Erhitze das Sonnenblumenöl in einer Pfanne bei mittelhoher Hitze und brate das Hackfleisch darin an, bis es krümelig ist. Füge dann die Zwiebeln hinzu und brate sie für etwa 4–5 Minuten mit an. Würze die Füllung mit dem Salz und Pfeffer und füge die feingehackte Petersilie hinzu. Lasse die Füllung etwas abkühlen.

Portioniere den Teig in 8 Teile und forme jeweils eine Kugel daraus. Rolle die Kugel mithilfe eines Oklava Ausrollstabes auf eine Größe von etwa 35 cm Ø aus.

Heize nun den Ofen auf 180 °C O/U vor und stelle eine große Schüssel mit eiskaltem Wasser und Eiswürfeln bereit. Schmilz die Butter in einem kleinen Topf. Verwende zum Schichten eine runde Auflaufform, ein tiefes Backblech oder einen Backring, den du auf etwa 31 cm Größe einstellst. Fette die Form mit der Butter.

Lasse in einem großen Topf etwa 3 Liter Wasser aufkochen und füge das Öl hinzu. Tauche nun die Nudelblätter vorsichtig in das Wasser ein. Achte darauf, dass sie im Wasser nicht zusammenklappen und somit zusammenkleben. Das Geheimnis liegt darin den Teig senkrecht in das Wasser gleiten zu lassen. Lasse jedes Nudelblatt einzeln darin für etwa 30 Sekunden lang schwimmen. Nimm es aus dem Wasser heraus und schrecke es sofort im eiskalten Wasser ab, damit es nicht klebt.

Lege das erste Nudelblatt in die Backform und bestreiche es mit der Butter. Teile die Füllung in 7 gleichmäßige Portionen ein. Gib nun eine Portion der Füllung auf das Nudelblatt und verteile sie gleichmäßig. Lege ein weiteres Nudelblatt darauf und verfahre so weiter, bis alle Nudelblätter und die gesamte Füllung und fast die komplette Butter aufgebraucht ist. Bestreiche das letzte Nudelblatt mit der übrigen Butter.

Backe das Wasserbörek im vorgeheizten Ofen für etwa 55 Minuten, bis es leicht Farbe bekommt.

Lasse es danach etwa 10 Minuten abkühlen und löse es aus der Backform heraus. Achte darauf, dass du nicht auf der Backfolie schneidest. Schneide das Wasserbörek in Rechtecke.

de BUYER
FRANCE

Würziges Börek aus der Pfanne

4 Portionen   Zubereitungszeit: 45 Min.

Das Börek lässt sich ganz einfach zubereiten, wenn fertige Yufkablätter verwendet werden.

ZUTATEN:

400 g Yufkablätter (Fertigprodukt aus dem Kühlfach)

Füllung:
200 g Spinat
1 Zwiebel
½ Stange Porree
½ Bund Petersilie
6 EL Olivenöl
600 g Hackfleisch vom Rind
1 TL Salz
¼ TL Pfeffer
¼ TL Chiliflocken
1 Prise Kreuzkümmel
1 EL Tomatenmark
1 EL Paprikamark
50 ml Wasser

Flüssigkeit:
1 Ei
200 ml Mineralwasser
200 ml Milch
50 ml Olivenöl
½ TL Chiliflocken

ZUBEREITUNG:

Nimm die Yufkablätter aus dem Kühlschrank heraus und lasse sie bei Zimmertemperatur stehen.

Füllung:
Schneide den Spinat grob. Schäle die Zwiebel und schneide sie in feine Würfel. Schneide den Porree in feine Streifen und wasche ihn gründlich. Hacke die Petersilie fein. Erhitze das Olivenöl in einer Pfanne bei mittelhoher Hitze und brate das Hackfleisch darin an, bis es krümelig ist. Füge die Zwiebelwürfel und den Porree hinzu und brate die Zutaten 2 Minuten mit an. Würze die Füllung mit dem Salz, dem Pfeffer, den Chiliflocken, dem Kreuzkümmel, dem Tomatenmark und Paprikamark und füge das Wasser hinzu. Lasse die Füllung einmal aufkochen und etwa 1 Minute lang bei niedriger Hitze einkochen. Schalte den Herd aus und lasse die Füllung kurz abkühlen.

Flüssigkeit:
Verrühre das Ei mit dem Mineralwasser, der Milch, dem Olivenöl und den Chiliflocken mit dem Schneebesen.

Verwende nun eine beschichtete Pfanne und fette sie mit etwas Olivenöl. Lege ein Yufkablatt hinein und lasse die Ränder über die Pfanne stehen.

Gib nun ein paar Esslöffel der Flüssigkeit auf das Yufkablatt und verteile etwa 2–3 Esslöffel der Füllung darüber. Lege nun ein weiteres Yufkablatt darüber und fülle das Yufkabörek. Verbrauche so die gesamte Füllung und die gesamte Flüssigkeit auf. Schließe mit einem Yufkablatt ab und falte die Blätter von außen nach innen, so dass das Börek verschlossen wird.

Stelle nun die Pfanne auf mittlere Hitze und gare das Börek mit geschlossenem Deckel für etwa 15 Minuten, bis die Unterseite knusprig ist. Wende es dann mithilfe eines großen Tellers oder einem flachen Deckel. Achte darauf, dass du dich nicht verbrennst. Brate das Börek nun auf der zweiten Seite ohne Deckel weitere 10 Minuten an, bis die zweite Seite knusprig ist.

Lasse das Börek 5 Minuten abkühlen, damit es sich besser schneiden lässt.

Tipp:

Ich zerkleinere das Fleisch immer gerne selbst im Fleischwolf. So weiß ich immer, welchen Teil ich verwende und kann den Fettgehalt selbst bestimmen.

I
Sallys

Vegetarische Rezepte

Die mediterrane Küche bietet viel Platz für knackiges und gesundes Gemüse – ideal für alle, die sich vegetarisch und einfach gesund ernähren möchten.

Oftmals werden in Rezepten und Gerichten, die auf Gemüse als Grundlage setzen, in einem ersten Schritt die verwendeten Zutaten gekocht und in Olivenöl gebraten. Da mich stets Anfragen zur Verwendung von Olivenöl für das Kochen und Braten erreicht haben, hier ein paar grundlegende und hoffentlich nützliche Informationen: Olivenöl enthält viele ungesättigte Fettsäuren. Beim Kauf und der Verwendung von Olivenöl solltest du dabei stets darauf achten, dass das Olivenöl von guter Qualität ist. Klares, natives Olivenöl kann dabei bis zu 180 °C erhitzt werden und eignet sich daher sehr gut zum Braten und Frittieren (was im Übrigen auch eine Empfehlung der DGE – Deutsche Gesellschaft für Ernährung ist). Bei unfiltriertem Olivenöl solltest du hingegen beachten, dass es nur bis 130 °C erhitzt werden sollte – am besten gar nicht erhitzt in einem Salat oder mit Rohkost.

Bei meiner Auswahl an vegetarischen Rezepten habe ich darauf geachtet, dir eine bunte und breite Vielfalt zu bieten. Dabei gibt es einige Rezepte, die auf Gemüse als Hauptbestandteil setzen, wiederum andere eher Kartoffeln und Käse in den Vordergrund stellen. Dabei möchte ich dir vor allem auch zeigen, wie abwechslungsreich vegetarische Küche sein kann und dass auch ein fleischloser Genuss ganz ohne Verzicht auf einen intensiven Geschmack möglich ist. Deiner Fantasie und deinen eigenen Ideen sind beim Nachkochen der vegetarischen Rezepte dabei keine Grenzen gesetzt, so dass du auch hier jederzeit die Möglichkeit hast, die Rezeptideen um Zutaten nach deinem eigenen Geschmack oder dem deiner Familie und Freunde zu erweitern. Auch mit Kräutern und Gewürzen kannst du dich einfach mal austoben – ganz nach dem Vorbild von Samira und Ela, die beim Baden gerne ihre eigenen Shampoo- und Duschgelkombinationen mischen und dabei ganz neue angenehme Kreationen zustande bringen.

de BUYER
FRANCE

Bulgur-Gnocchis (Fellah Köftesi)

4 Portionen Zubereitungszeit: 60 Min.

Die Bulgur-Gnocchis sind in der türkischen Küche ziemlich bekannt – hierbei gibt es aber, wie bei vielen anderen Rezepten auch, unglaublich viele verschiedene Zubereitungsmöglichkeiten. Diese Version kenne ich von meiner Schwägerin Pınar, deren Familie ursprünglich aus der Provinz Hatay stammt. Als „Köfte" werden normalerweise Hackfleischfrikadellen bezeichnet. Auch diese fleischlose, vegetarische Bulgur-Spezialität wird so bezeichnet und ist wohl die positive Antwort auf die Frage: „Kann es denn Frikadellen ohne Fleisch geben?" Ja das kann es – und dazu noch sehr lecker! Fellah köftesi ist die wohl leckerste Art, um Bulgur zuzubereiten.

ZUTATEN:

Fellah Köftesi:
200 g feiner Bulgur
230 ml kochendes Wasser
1 Zwiebel
100 g Weichweizengrieß
1 Ei
1 EL Tomatenmark
3 EL Mehl
½ TL Pfeffer
1 TL Salz
1 Prise Kreuzkümmel

Gemüse:
1 Zwiebel
3 EL Olivenöl
400 g Babyspinat
2 EL Tomatenmark
¼ TL Salz
1 Prise Pfeffer
1 Prise Chiliflocken
1 EL Granatapfelsirup

Zum Servieren:
Joghurt (10 %)

ZUBEREITUNG:

Fellah Köftesi:
Übergieße den Bulgur mit dem kochenden Wasser und lasse ihn abgedeckt etwa 15 Minuten quellen.

Schäle die Zwiebel und reibe sie fein. Verknete nun den etwas abgekühlten Bulgur mit der Zwiebel, dem Weichweizengrieß, dem Ei, dem Tomatenmark, dem Mehl, dem Pfeffer, dem Salz und dem Kreuzkümmel für etwa 10 Minuten, bis eine zusammenhängende, klebrige Masse entsteht.
Forme daraus etwa 2 cm große Kugeln und drücke diese leicht flach. Drücke mit einem Finger eine kleine Mulde hinein. Lege sie auf einen bemehlten Untergrund, damit sie nicht aneinanderkleben. Bringe in einem großen Topf etwa 2 Liter Wasser zum Kochen und gib 1 TL Salz hinzu. Gare die Gnocchis darin für etwa 5–8 Minuten, bis sie an der Oberfläche schwimmen und nimm sie aus dem Wasser heraus.

Gemüse:
Bereite inzwischen das Gemüse parallel vor:
Schäle die Zwiebel und schneide sie in feine Würfel. Erhitze das Öl in einem großen Topf bei mittelhoher Hitze und brate die Zwiebelwürfel darin für etwa 3–4 Minuten glasig an. Füge den Spinat hinzu und brate ihn so lange mit an, bis er zusammenfällt. Füge nun das Tomatenmark hinzu und würze den Spinat mit Salz, Pfeffer, den Chiliflocken und etwas Granatapfelsirup. Vermenge die Gnocchis mit dem Spinat und serviere das Gericht mit etwas Joghurt.

Bulgurköfte (Çiğköfte)

4 Portionen   Zubereitungszeit: 50 Min.

Jetzt fragst du dich wahrscheinlich warum ein Köfterezept in der vegetarischen Kategorie ist, oder? Ganz einfach: das sind vegetarische und sogar vegane Köfte! Wortwörtlich übersetzt sind es sogar rohe Frikadellen. Ursprünglich wurde dieses Rezept mit rohem, ganz frischem Hackfleisch und Bulgur zubereitet. Die Zubereitung war sehr mühsam, weil das Fleisch mit dem Bulgur sehr lange geknetet werden musste. Um dem Geschmack vom rohen Fleisch entgegenzuwirken fügt man sehr viele Gewürze hinzu. Mittlerweile ist die vegane Version ohne Fleisch viel verbreiteter und auch beliebter. Ich muss auch sagen, dass mir die fleischlose Variante viel besser schmeckt. Zudem kann man sie auch gerne mal ein, zwei Tage aufheben, ohne dass sie schlecht werden. Die Zubereitung ist dennoch etwas zeitaufwendig, da der Bulgur lange geknetet werden muss, damit er die benötigte, klebrige Konsistenz erhält. Geschmacklich geht einfach nichts über Çiğköfte! Egal ob pur, oder eingewickelt in einem Lavaş oder Yufka-Brot und serviert mit Salat – die veganen Bulgurköfte sind bei allen sehr beliebt. Ich bevorzuge sie sehr scharf. Damit die Kinder mitessen können, bereite ich sie allerdings erst mild zu und füge dann zur Hälfte der Masse die Schärfe hinzu.

ZUTATEN:

500 g feiner Bulgur
2 Zwiebeln
2–3 Knoblauchzehen
5 Frühlingszwiebeln
½ Bund Petersilie
½ Bund Minze
5 reife Tomaten
40 g Tomatenmark
80 g Paprikamark
1½–2 TL Salz
1 TL Pfeffer
1 EL Kreuzkümmel
2 EL Chiliflocken
3 EL Isot
10 EL eiskaltes Wasser
100 g Walnüsse

Zum Servieren:
Granatapfelsirup
Salatblätter

ZUBEREITUNG:

Vorbereitung:
Schäle die Zwiebeln und die Knoblauchzehen und hacke sie sehr fein. Schneide die Frühlingszwiebeln in sehr feine Ringe und hacke die Petersilie und die Minze fein. Übergieße die Tomaten mit kochendem Wasser und häute sie. Reibe sie dann mit einer Küchenreibe fein.

Fülle den ungewaschenen Bulgur in ein flaches, am besten gerilltes Tablett. Füge die Zwiebeln, den Knoblauch, die geriebenen Tomaten, das Paprika- und Tomatenmark, das Salz, den Pfeffer, den Kreuzkümmel, die Chiliflocken, das Isot und etwa 10 Esslöffel eiskaltes Wasser hinzu und knete den Bulgur nun so lange, bis er klebrig wird. Wichtig ist, dass der Bulgur beim Kneten auf dem Blech gerieben und mindestens 30 Minuten geknetet wird. Nur durch das lange Kneten entsteht die klebrige Konsistenz.

Füge bei Bedarf immer mal wieder ein paar Esslöffel Wasser hinzu. Die Masse sollte aber eine feste Konsistenz haben! Ich bevorzuge es beim Kneten Handschuhe zu tragen, da ansonsten das Chili und das Paprikamark die Hände verfärbt und auch auf der Haut brennt.

Füge am Ende die Frühlingszwiebeln und die gehackte Petersilie und Minze hinzu. Probiere die Masse und schmecke sie bei Bedarf mit etwas Salz oder Chili ab. Hacke die Walnüsse grob und füge sie hinzu.

Stich nun mit den Händen eine walnussgroße Masse ab und drücke dieses mit den Fingern so zusammen, dass eine längliche Frikadelle entsteht. Das ist die typische Form der Çiğköfte.

Serviere sie mit ein paar Salatblättern. Ich esse am liebsten Granatapfelsirup dazu. Dieser rundet mit seiner Säure die Schärfe hervorragend ab und passt perfekt dazu.

Produktinfo:
Isot ist eine spezielle Chili-Art, die es beispielsweise in türkischen Supermärkten zu kaufen gibt. Es zeichnet sich durch ihre sehr dunkle Farbe und den intensiven Chili-Geschmack aus. Durch das Isot bekommt das Çiğköfte die typische Farbe, es kann aber auch gerne weggelassen werden.

Bulgurpfanne

4 Portionen Zubereitungszeit: 30 Min.

Für diese Bulgurpfanne brate ich Karotten und Porree separat an und gare den Bulgur. So bleiben die Karotten bissfest und der Bulgur wird perfekt auf den Punkt gegart.

ZUTATEN:

2 Karotten
500 g Porree
7 EL Olivenöl
250 g grober Bulgur
1 Zwiebel
1 EL Tomatenmark
1 EL Paprikamark
625 ml Wasser
1 TL Salz
¼ TL Pfeffer
¼ TL Chiliflocken
1 Prise Kreuzkümmel
1 TL getrockneter Thymia

ZUBEREITUNG:

Schäle die Karotten und schneide sie in 5 mm dicke Scheiben. Schneide den Porree in 1 cm breite Streifen und wasche ihn gründlich. Erhitze 3 Esslöffel Öl in einer beschichteten Pfanne und brate die Karotten darin für etwa 4 Minuten an. Füge dann den Porree hinzu und brate ihn etwa 3 Minuten mit an. Würze das Gemüse mit einer Prise Salz und Pfeffer.

Wasche den Bulgur in einem Sieb gründlich mit kaltem Wasser.

Schäle die Zwiebel und schneide sie in feine Würfel. Erhitze das restliche Olivenöl in einem großen Topf bei mittelhoher Hitze und brate die Zwiebel darin für etwa 4–5 Minuten an, bis sie glasig ist. Füge dann den Bulgur hinzu und brate ihn für etwa 2 Minuten mit an. Füge nun das Paprika- und Tomatenmark hinzu und verrühre es gut mit dem Bulgur. Übergieße den Bulgur mit dem Wasser und würze ihn mit dem Salz, dem Pfeffer, den Chiliflocken, dem Kreuzkümmel und dem Thymian und lasse den Bulgur einmal aufkochen. Stelle dann den Herd auf mittlere Stufe herunter und lasse ihn mit Deckel etwa 20 Minuten ziehen, bis er gar ist. Rühre dann das Gemüse ein und serviere ihn.

Falafel mit Hummus

in weichen Lavaş-Broten und Minzsoße

Zeitplan:

Am Vortag:
Kichererbsen für die Falafel einweichen (5 Min.)

Am nächsten Tag:
Teig für Brote ansetzen (5 Min.)
Falafel-Masse herstellen (20 Min.)
Hummus herstellen und kühl stellen (20 Min.)
Brote formen und backen (20 Min.)
Falafel formen (25 Min.)
Minzsoße herstellen und Fett erhitzen (10 Min.)
Falafeln frittieren (20 Min.)

Falafel, das sind die kleinen vegetarischen Bällchen, die voller Geschmack aus dem Orient sind. Sie bestehen aus Kichererbsen und einer ganzen Bandbreite an Gewürzen. Die grüne Farbe und den Geschmack bekommen sie durch den Koriander und die Petersilie. Die Bällchen werden frittiert und gelten auch in vielen Städten als angesagtes Street-Food. Ich serviere sie ganz traditionell mit Hummus, dessen Zubereitung ihr in den kalten Vorspeisen findet. Die Falafeln werden dann in Lavaş-Broten serviert, die sich beim Backen aufblähen. Dadurch entsteht eine große Tasche zum Einfüllen. Die Minzsoße ergänzt das komplette Gericht ideal. Denkt daran, dass die Kichererbsen für die Falafeln am Vortag eingeweicht werden müssen. Am nächsten Tag bereite ich zuerst den Teig für die Lavaş-Brote zu. Die Zwischenzeit nutze ich dann aus, um die Falafel-Masse und das Hummus herzustellen. So kann ich die Wartezeiten immer sehr effektiv nutzen, um das Gericht in kurzer Zeit herzustellen.

Lavaş-Brote

4 Portionen/9 Brote Zubereitungszeit: 25 Min. Wartezeit: 70 Min. Backzeit: 8–9 Min.

ZUTATEN:

15 g Hefe
300 ml warmes Wasser
1 TL Honig
500 g Mehl
6 EL Olivenöl
1 TL Salz

ZUBEREITUNG:

Verrühre die Hefe mit dem Wasser und dem Honig. Rühre nun das Mehl, das Öl und das Salz hinzu und knete den Teig in 7–9 Minuten weich und geschmeidig. Forme ihn zu einer Kugel und lasse ihn etwa 1 Stunde abgedeckt aufgehen.

Heize den Backofen auf 250 °C O/U vor. Wiege nun etwa 95 Gramm schwere Teiglinge ab und forme diese zu Kugeln. Lasse die Kugeln abgedeckt erneut 10 Minuten aufgehen.

Rolle die Kugeln auf einer bemehlten Arbeitsfläche zu einer ovalen, etwa 5–10 Millimeter dicken Scheibe aus.

Setze die Teiglinge auf ein mit Backfolie oder Backpapier belegtes Backblech und backe sie im vorgeheizten Ofen für etwa 8–10 Minuten, bis sich die Lavaş-Brote aufblähen. Nimm sie dann aus dem Ofen heraus und wickle sie in ein sauberes Geschirrtuch ein.

Falafel

4 Portionen | Wartezeit: 12 Std. | Zubereitungszeit: 65 Min.

ZUTATEN:

300 g trockene Kichererbsen
1 Bund glatte Petersilie
½ Bund Koriander
1 Zwiebel
4 Knoblauchzehen
1 TL Kreuzkümmel
1 TL Salz
½ TL Pfeffer
1 TL Backpulver

ZUBEREITUNG:

Spüle die Kichererbsen mit kaltem Wasser ab und fülle sie in eine Schüssel. Bedecke sie nun mit Wasser und lasse sie abgedeckt etwa 12 Stunden einweichen. Am nächsten Tag sind sie auch deutlich größer. Spüle sie erneut mit Wasser ab. Fülle die Kichererbsen in einen starken Mixer ein und zerkleinere sie. Füge nun auch die Petersilie und den Koriander hinzu und püriere die Zutaten. Schäle die Zwiebel und die Knoblauchzehen und hacke sie grob. Füge die Zwiebeln, die Knoblauchzehen, den Kreuzkümmel, das Salz, den Pfeffer und das Backpulver zur Kichererbsen-Masse hinzu und püriere die Zutaten gründlich. Nun sollte die Masse von der Konsistenz her so sein, dass man sie formen kann. Forme daraus etwa 3 cm große Bällchen.

Ich habe hierfür den Eisportionierer verwendet, um immer die gleiche Größe zu erhalten. Die Bällchen lassen sich am besten mit feuchten Händen formen.

Lege die Bällchen auf einem Teller ab und erhitze etwa 2–3 Liter Frittierfett in einem großen Topf auf mittelhoher Hitze auf 180 °C. Frittiere die Falafel darin für etwa 4–6 Minuten, bis sie goldbraun, aber nicht zu dunkel sind. Nimm sie aus dem Fett heraus. Lasse sie kurz auf einem Küchentuch abtropfen und serviere sie leicht zusammengedrückt in den Lavaş-Broten, gemeinsam mit dem Hummus und dem Minzjoghurt.

Minzjoghurt

4 Portionen   Zubereitungszeit: 10 Min.

ZUTATEN:

400 g Joghurt (3,5 %)
30 g frische Minze
¼ TL Salz
Saft von ½ Zitrone
¼ TL Pfeffer

ZUBEREITUNG:

Verrühre den Joghurt mit der frischen Minze, dem Salz, dem Zitronensaft und dem Pfeffer und püriere die Soße, damit die Minzblätter zerkleinert werden.

Gefüllte Ofenkartoffel
(Kumpir)

4 Portionen Zubereitungszeit: 20 Min. Backzeit: 60 Min.

Kumpir sind gefüllte Kartoffeln aus dem Ofen, die traditionell im Holzofen gegart werden, bis sie weich sind. Einige kennen wahrscheinlich auch den Begriff „Grumbeere", der vielerorts verwendet wird. Nach dem Garen wird die heiße Kartoffel mit Butter und einem Kashkaval Käse (Kaşar Peyniri) vermengt. Das Resultat ist eine unglaublich cremige Kartoffelmasse, ähnlich einem Kartoffelpüree, das direkt aus der Kartoffel heraus gegessen wird. Anschließend kann die Kartoffel nach Belieben belegt werden. Hierfür eignet sich im Prinzip alles, was schmeckt: Kısır, saure Gurken, Sucuk (türkische Knoblauchwurst), Mais, Quark, Gemüse, Fleisch und vieles mehr. Murats Favorit ist ganz klar: Sucuk. Ich liebe Kumpir auch mit Lachs. Diese Variante mit Rahmspinat gehört allerdings auch zu meinen Favoriten. Der Belag ist unglaublich würzig und cremig zugleich. Die Sour Cream rundet den Geschmack perfekt ab.

ZUTATEN:

Kartoffeln:
4 große, mehligkochende Kartoffeln (je 400–500 g)
2 EL Salz
40 g Butter
200 g Kashkaval Käse
½ TL Meersalz

Rahmspinat:
1 Knoblauchzehe
1 Zwiebel
20 g Butter
500 g Spinat
¼ TL Chiliflocken
¼ TL Muskatnuss
½ TL Salz
½ TL Pfeffer
2 EL Gemüsebrühe
1 ½ TL Stärke
50 g Sahne

Sour Cream:
1 Knoblauchzehe
400 g saure Sahne
¾ TL Salz
¼ TL Pfeffer

ZUBEREITUNG:

Vorbereitung:
Wasche die Kartoffeln und lege sie in einen großen Topf mit viel Wasser und 2 EL Salz. Koche das Wasser auf und lasse die Kartoffeln darin für etwa 20 Minuten kochen. Lege die Kartoffeln dann auf ein Backblech und backe sie im vorgeheizten Ofen bei 200 °C O/U für etwa 30–50 Minuten. Sie sollen weich sein und die Schale soll sich etwas lösen.

Rahmspinat:
Bereite inzwischen den Rahmspinat zu. Schäle die Zwiebel und die Knoblauchzehe und schneide diese in feine Würfel. Erhitze die Butter in einem großen Topf auf mittelhoher Hitze und brate die Zwiebel- und Knoblauchwürfel darin für 3–4 Minuten an. Füge den Spinat hinzu und dünste ihn so lange mit, bis er zusammengefallen ist. Würze den Spinat mit den Chiliflocken, der Muskatnuss, dem Salz, dem Pfeffer und der Gemüsebrühe. Verrühre nun die Stärke mit der Sahne und füge sie zum Rahmspinat hinzu. Lasse den Spinat 2-3 Minuten lang einkochen. Zerkleinere ihn dann mit einem Pürierstab.

Sour Cream:
Reibe die Knoblauchzehe fein und verrühre sie mit der sauren Sahne, dem Salz und dem Pfeffer.

Zubereitung Kumpir:
Reibe den Käse fein. Öffne die Kartoffel vorsichtig mit einer Gabel und zerdrücke das Innere. Verrühre es mit Käse, Butter und dem Meersalz, bis der Käse anfängt zu schmelzen.

Serviere die heiße Kartoffel mit dem Rahmspinat und der Sour Cream.

Tipp:

Das Rezept für die selbstgemachte Gemüsebrühe findest du in meinem Blog.

I
Sallys
Sallys we

Gefüllte Ofentomaten mit Rucolasalat

4 Portionen | Zubereitungszeit: 35 Min. | Backzeit: 40 Min.

Die Ofentomaten sind total einfach in der Zubereitung und schmecken sehr leicht und frisch. Besonders gerne mag ich den Rucolasalat, den man nach Belieben mit Sonnenblumenkernen oder gerösteten Pinienkernen bestreuen kann.

ZUTATEN:

Ofentomaten:
12 Tomaten (je ca. 85 g)
1 Aubergine
1 TL Salz
100 g Rundkornreis
1 Zwiebel
4 EL Olivenöl
100 ml Wasser
200 g Schafskäse

Soße:
10 g Butter
½–1 TL Salz
½ TL Zucker
¼ TL Pfeffer
1 Stängel Bohnenkraut
½ TL Chiliflocken

Salat:
1 Frühlingszwiebel
200 g Rucola
Saft von ½ Zitrone
4 EL Olivenöl
1 Prise Zucker
1 EL Granatapfelsirup
½ TL Salz
1 Prise Pfeffer
60 g Sonnenblumenkerne

ZUBEREITUNG:

Ofentomaten:
Schneide den Deckel der Tomaten ab und höhle die Tomaten aus. Bewahre das Tomateninnere auf und püriere es fein.

Schneide die Aubergine in etwa 1 cm große Würfel, bestreue sie mit 1 Teelöffel Salz und lasse sie für 30 Minuten stehen, damit die Flüssigkeit und die Bitterstoffe austreten können. Wasche sie danach gründlich mit Wasser und drücke sie aus. Wasche auch den Reis unter fließendem Wasser gründlich.

Schäle die Zwiebel und schneide sie in feine Würfel. Erhitze das Olivenöl in einem großen Topf und brate die Zwiebeln darin für etwa 4–5 Minuten an. Füge die Auberginen hinzu und brate diese 2 Minuten mit an. Füge nun den Reis hinzu und brate ihn kurz mit an. Übergieße den Reis mit dem Wasser und füge 100 ml der pürierten Tomaten hinzu. Lasse den Reis so lange köcheln, bis die Flüssigkeit fast verdunstet ist. Zerbrösele den Käse und rühre ihn in die Reismasse ein. Füge bei Bedarf noch Salz und Pfeffer hinzu.

Befülle die Tomaten mit der Reismasse. Verschließe sie mit den Tomatendeckeln und backe sie im Ofen bei 180 °C O/U für etwa 40 Minuten. Bereite in der Zwischenzeit die Soße zu.

Soße:
Erhitze hierfür die Butter im Topf und füge das restliche Tomatenpüree hinzu. Würze die Soße mit dem Salz, dem Zucker, dem Pfeffer, Bohnenkraut und den Chiliflocken und lasse die Soße kurz aufkochen und dann leicht einkochen. Nimm sie dann vom Herd herunter. Passiere die Soße nach Belieben durch ein Sieb, um die Tomatenkerne zu entfernen.

Salat:
Schneide die Frühlingszwiebel in feine Ringe. Verrühre den Zitronensaft mit dem Ölivenöl, dem Zucker, dem Granatapfelsirup, dem Salz und Pfeffer und vermenge den Rucola und die Frühlingszwiebel damit. Röste die Sonnenblumenkerne in einer Pfanne ohne Fett an und streue sie über den Salat.

Serviere die Ofentomaten mit der Tomatensoße und dem Salat.

Gefüllte Teigtaschen
(Gözleme)

10 Gözleme Zubereitungszeit: 2 Std.

Gözleme ist eine anatolische Spezialität und womöglich jeder, der schon einmal in der Türkei war, hat sie an einem Straßenrand gegessen, wo sie liebevoll von einer älteren Dame mit einem Oklava und einem Sac zubereitet werden. Sac ist die beheizte Platte, auf der man Yufkabrote oder auch Gözleme und andere Spezialitäten zubereitet. Die Teigtaschen können nach Belieben gefüllt werden. Unsere Lieblingsfüllung ist die Spinat-Käsefüllung, aber auch eine Hackfleisch- oder Kartoffelfüllung ist sehr beliebt.

ZUTATEN:

Hefeteig:
200 ml warmes Wasser
½ TL Zucker
5 g frische Hefe
½ TL Salz
380 g Mehl

Füllung:
1 Zwiebel
1 Knoblauchzehe
3 EL Olivenöl
400 g Spinat
1 TL Chiliflocken
½ TL Pfeffer
1 Stängel Oregano
300 g Weichkäse

Zum Bestreichen:
60 g Butter

ZUBEREITUNG:

Hefeteig:
Verrühre das Wasser mit dem Zucker und der Hefe. Rühre dann das Salz und das Mehl ein und knete den Teig etwa 7 Minuten geschmeidig. Forme ihn zu einer Kugel und lasse ihn abgedeckt etwa 1 Stunde ruhen.

Füllung:
Schäle die Zwiebel und die Knoblauchzehe und schneide sie in feine Würfel. Erhitze das Öl in einer Pfanne bei mittelhoher Hitze und brate die Zwiebel- und Knoblauchwürfel darin für etwa 4–5 Minuten an. Füge den Spinat hinzu und brate ihn so lange mit an, bis er zusammenfällt und die Flüssigkeit fast verkocht ist. Würze ihn mit den Chiliflocken, dem Pfeffer und dem Oregano. Stelle den Herd aus und lasse die Füllung abkühlen. Zerbrösele den Käse mit den Händen und rühre ihn in die Füllung ein.

Gözleme zubereiten:
Teile den Teig in 10 Portionen mit etwa 50 Gramm ein. Rolle diese zu Kugeln und lasse sie abgedeckt 10 Minuten ruhen. Rolle jeweils eine Kugel auf einer bemehlten Arbeitsfläche zu einem Kreis mit etwa 25 cm Ø aus.

Verteile etwa 2 Esslöffel der Füllung auf der einen Hälfte und lasse hierbei einen Rand frei. Falte nun die andere, unbelegte Hälfte darüber, schließe das Gözleme zu einem Halbkreis zusammen und drücke die Ränder fest.

Erwärme eine beschichtete Pfanne auf mittlerer Hitze und brate jeweils die Gözleme ohne Fett darin an. Pro Seite wird es etwa 1–2 Minuten angebraten, bis es eine schöne Farbe bekommt. Bestreiche das Gözleme dann nach dem Backen auf beiden Seiten mit etwas Butter und stapele sie übereinander, damit sie warm bleiben.

Kartoffeltaschen

(Haluj)

4 Portionen Zubereitungszeit: 90 Min.

Diese leckeren Kartoffeltaschen habe ich zum ersten Mal bei meiner Freundin gegessen, deren Familie Tscherkessen sind. Dort werden sie haluj genannt. Hierbei wird ein Nudelteig mit Kartoffeln gefüllt und mit einer Joghurt- und Paprikasoße serviert.

ZUTATEN:

Nudelteig:
100 g Mehl
100 g Hartweizengrieß
2 Eier
2 EL Olivenöl

Kartoffelfüllung:
300 g Kartoffeln mit Schale
1 Schalotte
2 EL Olivenöl
½ TL Salz
¼ TL Pfeffer
½ TL Chiliflocken
1 Prise Muskatnuss
½ TL getrocknete Minze
½ Bund Petersilie

Joghurtsoße:
300 g Joghurt (10 %)
¼ TL Salz
¼ TL Pfeffer

ZUBEREITUNG:

Nudelteig:
Verknete das Mehl mit dem Hartweizengrieß, den Eiern und dem Olivenöl in etwa 4–5 Minuten zu einem geschmeidigen Teig. Lasse den Teig 30 Minuten abgedeckt ruhen.

Kartoffelfüllung:
Gib die Kartoffeln in einen Topf und übergieße sie mit reichlich Wasser. Koche sie so lange, bis die Kartoffeln gar sind. Pelle sie danach und reibe sie fein. Schäle die Schalotte und schneide sie in feine Würfel. Erhitze das Olivenöl in einer großen Pfanne bei mittelhoher Hitze und brate die Schalotte darin für 2–3 Minuten an. Füge die Kartoffeln, das Salz, den Pfeffer, die Chiliflocken, die Muskatnuss und die Minze hinzu und verrühre alles miteinander. Hacke die Petersilie fein und rühre sie ein. Lasse die Füllung etwas abkühlen.

Joghurtsoße:
Verrühre den Joghurt mit dem Salz und dem Pfeffer. Lasse die Soße abgedeckt im Kühlschrank ruhen.

Zum Mischen:
2 EL Butter

Paprikasoße:
2 EL Butter
1 EL edelsüßes Paprikapulver

Forme die Kartoffeltaschen:
Rolle den Teig auf einer bemehlten Arbeitsfläche etwa 1–2 mm dünn aus. Alternativ kannst du auch eine Nudelwalze verwenden. Stich den Teig mit einem Glas oder einem Ausstecher rund aus und gib je nach Größe der Kreise etwa einen Teelöffel der Füllung hinein. Bestreiche die Ränder bei Bedarf mit etwas Wasser. Klappe die Kreise zu Halbmonden zusammen und drücke die Ränder gut fest. Einfacher ist es natürlich die Teigtaschen rechteckig zuzubereiten. Mir gefallen sie halbrund allerdings besser.

Bringe 3 Liter Wasser in einem großen Topf zum Kochen und füge einen Esslöffel Salz hinzu. Gare die Kartoffeltaschen darin für etwa 4–5 Minuten, bis sie an der Wasseroberfläche schwimmen.

Vermische sie nach dem Garen mit der Butter, damit sie nicht aneinanderkleben.

Paprikasoße:
Erhitze die Butter in einem kleinen Topf und füge das Paprikapulver hinzu. Lasse die Paprikasoße einmal aufschäumen.

Serviere die Kartoffeltaschen nun mit der Joghurt- und Paprikasoße.

Pfannenbörek

4 Portionen Zubereitungszeit: 30 Min.

In der Kategorie „Hauptgerichte mit Fleisch & Fisch" habe ich ein Pfannenbörek mit einer würzigen Hackfleischfüllung zubereitet. Ein Pfannenbörek ist meiner Meinung nach immer ideal, um es auch mal zum Frühstück zuzubereiten, weil man dafür keinen Backofen benötigt. Die vegetarische Variante möchte ich dir daher nicht vorenthalten. Nach Belieben kannst du diese mit Champignons oder auch Cocktailtomaten, Peperoni, Mangold und scharfen Chilischoten verfeinern. Meine Regel ist immer: Alles, was schmeckt, ist erlaubt!

ZUTATEN:

5 Yufka-Teigblätter

Füllung:
200 g Babyspinat
1 Porree
250 g Weichkäse
½ Bund Petersilie
¼ TL Pfeffer

Flüssigkeit:
1 Ei
200 ml Milch
200 ml Mineralwasser
50 ml Sonnenblumenöl
1 TL Chiliflocken

Tipp:

Verwende für das Rezept entweder fertige Yufka-Teigblätter, oder bereite sie selbst, wie auf Seite 266 beschrieben zu.

ZUBEREITUNG:

Füllung:
Wasche den Spinat und gib in tropfnass in eine Pfanne. Schalte den Herd an und gare ihn so lange, bis er zusammenfällt und die Flüssigkeit verkocht ist. Nimm den Spinat aus der Pfanne heraus, fülle ihn in eine große Schüssel hinein und lasse ihn abkühlen.

Flüssigkeit:
Rühre inzwischen die Flüssigkeit zusammen. Verrühre dafür das Ei mit der Milch, dem Wasser, Sonnenblumenöl und den Chiliflocken.

Füllung:
Schneide den Porree in Streifen und wasche ihn gründlich. Zerbrösele den Käse mit den Fingern. Hacke die Petersilie fein. Verrühre den Käse mit dem Porree, der Petersilie, dem Babyspinat und dem Pfeffer. Breite die Yufkablätter aus und halbiere sie mittig, so dass Halbkreise entstehen. Bestreiche jeweils ein halbes Yufka-Teigblatt mit der Flüssigkeit und belege es mit 2 Esslöffeln der Füllung. Rolle das Yufkablatt als Rolle zusammen und drehe die erste Teigrolle wie eine Schnecke in sich zusammen. Lege die Schnecke in eine beschichtete Pfanne. Rolle die übrigen Yufkablätter auf und lege sie so um die Schnecke herum, dass am Ende eine große Spirale entsteht. Gieße die restliche Flüssigkeit über das Pfannenbörek. Stelle den Herd auf mittlere Stufe und verschließe die Pfanne mit einem Deckel. Lasse das Börek etwa 10–15 Minuten garen. Achte darauf, dass am Pfannenboden nichts anbrennt. Wende das Börek mithilfe eines großen Tellers oder mithilfe eines Tortenretters. Gare es ohne Deckel weitere 5–10 Minuten, bis das Börek knusprig ist. Lass das Börek 5–10 Minuten abkühlen, so kannst du es besser schneiden. Dann serviere es als Kuchenstücke oder Rechtecke.

Ratatouille mit Bulgur-Nocken

4 Portionen Zubereitungszeit: 50 Min.

Gemüse kann so lecker sein! Bei diesem Gericht wird mediterranes Gemüse angebraten und im Ofen geschmort. Aus Bulgur forme ich feine Nocken und lasse sie gemeinsam mit Kashkaval Käse im Ofen überbacken.

ZUTATEN:

Bulgur-Nocken:
200 g feiner Bulgur
230 ml kochendes Wasser
¼ TL Salz
¼ TL Pfeffer
2 Eier
100 g Weichkäse
¼ Bund Petersilie
Abrieb von ½ Zitrone

Ratatouille:
1 Aubergine
1 TL Salz
2 Zwiebeln
1 Knoblauchzehe
1 Zucchini
1 rote Paprikaschote
1 gelbe Paprikaschote
400 g Tomaten
6 EL Olivenöl
1 TL Salz
½ TL Pfeffer
1 TL Chiliflocken
1 Stängel Thymian
1 Rosmarinzweig

Zum Überbacken:
100 g Kashkaval Käse

ZUBEREITUNG:

Bulgur-Nocken:
Übergieße den Bulgur mit dem kochenden Wasser und lasse ihn abgedeckt etwa 30–40 Minuten zum Quellen und anschließenden Abkühlen stehen.

Ratatouille:
Bereite in der Zwischenzeit das Gemüse vor. Schneide die Aubergine in 2 cm Würfel und bestreue sie mit einem Teelöffel Salz und lasse sie etwa 30 Minuten ziehen, damit die Bitterstoffe entzogen werden.

Schäle die Zwiebeln und die Knoblauchzehe und schneide sie in feine Würfel. Schneide die Zucchini, die Paprikaschoten und die Tomaten ebenfalls in 2 cm große Würfel.

Verwende nun einen Gusseisentopf oder eine andere ofenfeste Form. Mein Gusseisentopf ist ebenfalls geeignet, um ihn auf dem Herd zu verwenden. Falls du keinen hast, dann verwende zum Anbraten eine beschichtete Pfanne. Erhitze das Öl im Gusseisentopf bei mittelhoher Hitze und brate die Zwiebel- und Knoblauchwürfel darin für etwa 4–5 Minuten an.

Wasche die gesalzene Aubergine gründlich mit Wasser und drücke sie leicht aus. Brate die Aubergine mit den Zwiebel- und Knoblauchwürfeln etwa 2 Minuten an. Würze die Pfanne mit dem Salz, dem Pfeffer, den Chiliflocken und füge den Thymian und Rosmarinzweig hinzu. Brate nun auch die Zucchini- und Paprikawürfel 5 Minuten mit an. Füge dann die Tomaten hinzu und stelle das Ratatouille Gemüse in den vorgeheizten Backofen und backe es bei 200 °C O/U für 10 Minuten.

Bulgur-Nocken:
Lockere den Bulgur mithilfe von zwei Gabeln auf und verrühre ihn mit dem Salz, dem Pfeffer, den Eiern, dem zerbröselten Käse, der gehackten Petersilie und dem Zitronenschalenabrieb. Forme daraus mithilfe von 2 Esslöffeln Nocken und setze diese auf das Gemüse. Reibe den Käse, streue ihn darüber und backe das Gericht für 15–20 Minuten weiter.

Serviere es sofort nach dem Backen.

I
welt

Süßkartoffeln

mit Spinatsalat und Roter Bete

Zeitplan:

Süßkartoffeln in den Ofen (2 Min.)
Rote Bete kochen (4 Min.)
Wartezeit (30 Min.)
Spinatsalat vorbereiten (10 Min.)
Rote Bete einlegen (10 Min.)
Sour Cream zubereiten (5 Min.)

Süßkartoffeln

mit Spinatsalat und Roter Bete

4 Portionen Zubereitungszeit: 30 Min. Kochzeit: 60 min

Dieses Menü ist Kunst fürs Auge. Ich liebe Rote Bete in jeder Form. Bei diesem vegetarischen Rezept entsteht ein wunderschönes Farbenspiel auf der Platte: Die Süßkartoffeln mit ihrem leuchtenden Orange-Ton, das strahlende Grün des Spinatsalats und die rote Bete, die ihr wunderschönes Magenta an die saure Sahne abgibt und hierbei ein Ombré Farbspiel zaubert. Wenn es nicht so lecker wäre, würde ich mich gar nicht trauen das Kunstwerk zu zerstören. Doch je mehr von der Platte gegessen wird, umso schöner und bunter wird die Platte.

ZUTATEN:

6 Süßkartoffeln

Rote Bete:
5 Rote Bete
¼ TL Kreuzkümmel
1 TL Salz
¼ TL Pfeffer
3 EL Olivenöl
½ TL Zucker
1 EL Essig
1 EL Granatapfelsirup
1 Chilischote

Spinatsalat:
300 g Babyspinat
30 ml Orangensaft
30 ml Apfelsaft
4 EL Olivenöl
Saft von 1 Zitrone
½ Knoblauchzehe
½ TL Salz
¼ TL Pfeffer

ZUBEREITUNG:

Süßkartoffel:
Lege die Süßkartoffeln auf ein Backblech und backe sie im vorgeheizten Backofen bei 200 °C O/U für etwa 60 Minuten. Um festzustellen, ob sie gar sind, stich mit einer Gabel hinein. Ist die Süßkartoffel sehr weich, dann ist sie gar. Bereite inzwischen die übrigen Zutaten vor.

Rote Bete:
Gib die Rote Bete gemeinsam mit 2 Liter Wasser und dem Kreuzkümmel in einen Topf und lasse sie aufkochen. Lasse sie dann etwa 35–40 Minuten kochen, bis sie gar ist. Gieße sie anschließend ab. Diese Zeit kannst du nutzen, um den Spinat für den Salat zu waschen und das Dressing vorzubereiten.

Spinatsalat:
Wasche den Spinat und lasse ihn gut abtropfen oder schleudere ihn trocken.

Verrühre den Orangensaft, den Apfelsaft, das Olivenöl, den Zitronensaft, das Salz und den Pfeffer. Reibe die Knoblauchzehe und füge sie zum Dressing hinzu. Verrühre den Spinat erst kurz vor dem Servieren mit dem Dressing, damit der Salat nicht zusammenfällt.

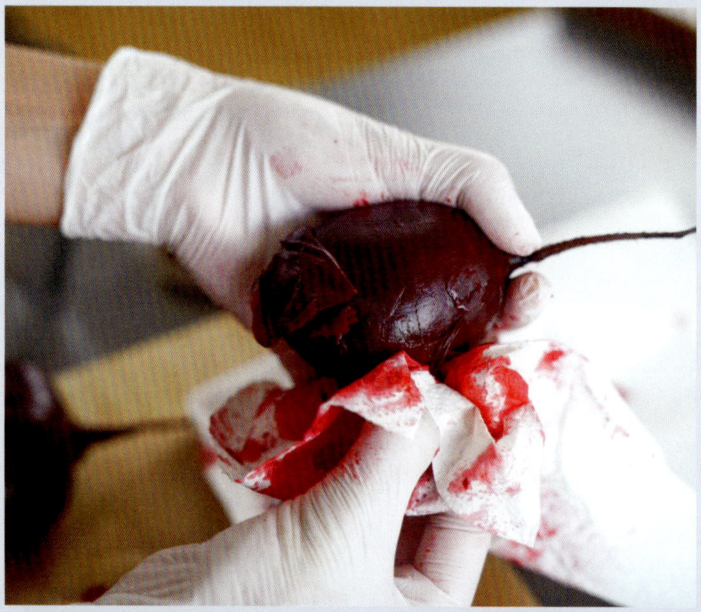

Sour Cream:
2 Knoblauchzehen
400 g Saure Sahne
200 g Joghurt (10 %)
30 ml Olivenöl
Saft von 1 Zitrone
1 TL Salz
¼ TL Pfeffer

Rote Bete einlegen:
Lasse die Rote Bete etwa 10 Minuten abkühlen. Verwende nun Einweghandschuhe, um ein Einfärben deiner Hände zu verhindern. Die Haut der Roten Bete lässt sich ganz einfach mit einem Küchentuch durch Reiben entfernen. Lege sie anschließend auf ein Backpapier und schneide sie in Achtel.

Verrühre die Rote Bete mit dem Salz, dem Pfeffer, dem Öl, dem Zucker, dem Essig und dem Granatapfelsirup. Schneide die Chilischote fein und rühre sie mit ein. Lasse die Rote Bete etwa 5 Minuten ziehen.

Sour Cream:
Reibe die Knoblauchzehen fein. Verrühre sie mit der sauren Sahne, dem Joghurt, dem Olivenöl, dem Zitronensaft, dem Salz und dem Pfeffer.

Servieren:
Richte nun am besten eine große Platte an. Drücke die Süßkartoffeln mit einer Gabel auseinander und gieße etwas Sour Cream darüber. Verrühre die Süßkartoffel damit und würze nach Belieben mit etwas Salz und Pfeffer. Übergieße die Rote Bete ebenfalls mit Sour Cream. Verrühre den Spinat mit dem Dressing. Während dem Servieren verbinden sich die Farben und auch die Aromen der einzelnen Speisen.

Rosenbörek (Gül böreği)

32 Börek/16 Yufka Zubereitungszeit: 2½ Std.

Das Rosenbörek wird aus einzelnen, sehr dünn ausgerollten Yufka-Teigblättern hergestellt. Die Yufka-Teigblätter bereite ich für dieses Börekrezept gerne selber zu. Sie sollten nämlich ganz frisch sein, damit sie beim Aufrollen nicht reißen. Das Börek bereite ich gerne in einer großen Portion zu und friere dann einen Teil leicht vorgebacken ein. So kann ich jederzeit das Börek im Ofen fertigbacken. Außen ist es total knusprig und innen schön weich. Hier habe ich mich für eine typische Kartoffel- und eine Käsefüllung entschieden. Die würzige Kartoffelfüllung ist Murats Favorit. Ela, Samira und ich favorisieren immer die cremige Käsefüllung. Nach Belieben kann auch ein Teil des Weißmehls durch Vollkornmehl ersetzt werden.

ZUTATEN:

Yufka-Teigblätter:
300 ml Wasser
10 g Hefe
1 TL Zucker
1 kg Mehl
1½ TL Salz
300 ml Milch
40 ml Sonnenblumenöl

Kartoffelfüllung für 16 Börek:
1 kg Kartoffeln mit Schale
1 TL Salz
3 Zwiebeln
80 ml Olivenöl
2 TL Salz
1 TL Pfeffer
1 EL Chiliflocken
1 Bund Petersilie

Käsefüllung für 16 Börek:
800 g Weichkäse
1 Bund Petersilie

ZUBEREITUNG:

Yufka-Teigblätter:
Verrühre das Wasser mit der Hefe und dem Zucker und rühre das Mehl, das Salz, die Milch und das Öl ein. Knete den Teig etwa 7 Minuten zu einem geschmeidigen und weichen Hefeteig. Forme ihn zu einer Kugel und lasse ihn abgedeckt für etwa 1 Stunde ruhen.

Kartoffelfüllung:
Lege die Kartoffeln in einen großen Topf und bedecke sie mit Wasser. Füge 1 Teelöffel Salz hinzu und koche die Kartoffeln so lange, bis sie weich sind. Lasse sie danach etwas abkühlen und pelle sie. Reibe die Kartoffeln fein.

Schäle die Zwiebeln und schneide sie in feine Würfel. Erhitze das Olivenöl in einer großen Pfanne bei mittelhoher Hitze und brate die Zwiebelwürfel darin für etwa 5-6 Minuten an, bis sie glasig sind. Füge dann die Kartoffeln, das Salz, den Pfeffer, die Chiliflocken und die gehackte Petersilie hinzu und rühre alles gut durch. Nimm die Füllung vom Herd herunter.

Käsefüllung:
Zerbrösele den Käse mit den Händen oder reibe ihn fein. Hacke die Petersilie und verrühre sie mit dem Käse.

Zum Bestreichen & Bestreuen:
100 g Olivenöl
100 g Joghurt (10 %)
2 Eier
150 ml Wasser
50 g Sesam
50 g Schwarzkümmel

Yufka-Teigblätter:
Teile den Teig in 16 gleich große Portionen ein und forme diese jeweils zu einer Kugel. Decke sie mit einem Geschirrtuch ab, damit sie nicht trocknen. Rolle jede Kugel etwa tellergroß mit einem Ausrollstab aus. Verwende nun zum weiteren Ausrollen einen dünneren Ausrollstab, den Oklava. Rolle den Teig mithilfe des Oklavas auf eine Größe von etwa 35–40 cm Ø aus. Hierbei ist es wichtig, dass weder zu wenig, noch zu viel Mehl verwendet wird. Schneide das Yufka-Teigblatt mittig durch, so dass zwei Halbkreise entstehen und lasse etwa einen Teelöffel Olivenöl darüber laufen. Verteile nun die Füllung deiner Wahl darüber. Verwende dafür etwa 3–4 Esslöffel der Füllung. Rolle nun jeden Halbkreis von der geraden Seite aus locker ein und forme die lange Teigrolle dann zu einer Schnecke. Da die entstandene Schnecke einer Rose ähnelt, heißt das Börek im Türkischen „Gül böreği", also Rosenbörek.

Setze die Rosen mit etwas Abstand auf ein mit Dauerbackfolie oder Backpapier belegtes Backblech.

Verrühre nun den Joghurt mit den Eiern und dem Wasser und bestreiche die Börek damit. Bestreue sie nach Belieben mit Sesam und Schwarzkümmel.

Backe die Börek im vorgeheizten Backofen bei 210 °C O/U für etwa 30–35 Minuten, bis sie goldbraun sind.

Ganz frisch und warm schmecken sie uns am besten, aber auch wieder aufgewärmt schmecken sie hervorragend zu einem Glas türkischen Schwarztee.

Schiffchen mit Käse- oder Fleischfüllung (Su Böreği)

8 Portionen /16 Stück | Zubereitungszeit: 2 Std. | Backzeit: 20 Min.

Mein Papa ist ursprünglich aus Konya, der siebtgrößten Stadt der Türkei. Das die Hauptstadt der gleichnamigen Provinz Konya, welche flächenmäßig die größte des Landes ist. Die Spezialität in Konya ist „Etli Pide", mit kleingehacktem Fleisch gefüllte Schiffchen. Diese werden dort manchmal bis zu einem Meter lang zubereitet und in einem Holzofen gebacken. Auch für Feierlichkeiten werden sie gerne zubereitet. Ich liebe die gefüllten Teigschiffe mit Fleisch, aber auch die vegetarische Variante.

ZUTATEN:

Hefeteig:
1 Würfel Hefe
1 EL Zucker
125 g Wasser
125 g Milch
500 g Mehl
1/2 TL Salz
60 ml Olivenöl

Spinat-Fetafüllung für 8 Pide:
225 g Spinat
1 Zwiebel
2 EL Olivenöl
¼ TL Pfeffer
½ TL Chiliflocken
½ TL getrockneter Oregano
4 Minzblätter
200 g Weichkäse

ZUBEREITUNG:

Hefeteig:
Verrühre die Hefe mit dem Zucker und Wasser und knete nun die Milch, das Mehl, das Salz und das Öl ein. Knete den Teig für etwa 7–9 Minuten zu einem geschmeidigen, nicht mehr klebenden Hefeteig. Forme diesen zu einer Kugel und lasse ihn in einer Schüssel abgedeckt für etwa 1 Stunde aufgehen.

Spinat-Fetafüllung:
Schneide den Spinat in feine Streifen. Schäle die Zwiebel und schneide sie in feine Würfel. Erhitze das Öl in einer Pfanne bei mittelhoher Hitze und brate die Zwiebel darin etwa 3–4 Minuten an. Füge den Spinat hinzu und brate ihn so lange an, bis die Flüssigkeit fast vollständig verkocht ist. Würze den Spinat mit dem Pfeffer, den Chiliflocken, dem Oregano und den klein gezupften Minzblättern. Lasse die Füllung abkühlen und füge den zerbröselten Weichkäse hinzu.

Hackfleischfüllung:
Schäle die Zwiebel und schneide sie in feine Würfel. Erhitze das Öl in einer Pfanne bei mittelhoher Hitze und brate die Zwiebel darin etwa 3–4 Minuten an. Füge das Hackfleisch hinzu und brate es so lange an, bis es krümelig ist. Füge nun auch das Tomaten- und Paprikamark und die Tomaten aus der Dose hinzu und lasse die Füllung einmal aufkochen. Schneide die Spitzpaprika in feine Würfel und hacke die Petersilie fein. Füge nun die Spitzpaprika, die Petersilie, das Salz, den Pfeffer, das Oregano, die Chiliflocken und die Minze hinzu und stelle den Herd aus.

Hackfleischfüllung für 8 Pide:
1 Zwiebel
2 EL Olivenöl
125 g Hackfleisch vom Rind
1 TL Tomatenmark
1 TL Paprikamark
1 Dose Tomaten (400 g)
2 grüne Spitzpaprika
¼ Bund Petersilie
½ TL Salz
¼ TL Pfeffer
1TL getrockneter Oregano
1TL Chiliflocken
1 TL getrocknete Minze

Zum Bestreichen:
1 Ei
100 g Butter

Bereite die Schiffchen zu:
Teile den Teig in 16 Teile mit etwa jeweils 50 Gramm ein und forme diese zu Kugeln. Rolle die Kugeln auf einer bemehlten Arbeitsfläche zu einem langen Oval aus. Belege es mit etwa 3 Esslöffeln der vegetarischen oder der Fleischfüllung und verteile die Füllung mittig. Lasse außenherum einen etwa 3 cm breiten Rand frei. Drücke nun zuerst die Enden zu Spitzen zusammen und klappe dann die Seitenteile zur Mitte hin zu.

Lege die Schiffchen auf ein mit Dauerbackfolie oder Backpapier belegtes Backblech. Verrühre das Ei mit einem Schneebesen und bestreiche die Teige damit. Backe die Schiffchen im vorgeheizten Backofen bei 210 °C O/U für etwa 20 Minuten, bis sie goldbraun sind.

Bestreiche sie danach direkt mit flüssiger Butter.

Tipp:

Im Sommer verwende ich für die Hackfleischfüllung auch gerne frische, vollreife Tomaten. Diese überbrühe ich vorher mit kochendem Wasser und häute sie.

Softe Brötchen (Puf Poğaça)

36 Brötchen | Zubereitungszeit: 90 Min. | Wartezeit: 60 Min. | Backzeit: 25 Min.

Die weichen Brötchen werden im Türkischen gerne Poğaça genannt. Die Milch im Teig sorgt dafür, dass sie unglaublich weich und soft werden. Wenn du möchtest, kannst du sie auch mit einer Kartoffelfüllung oder einer Füllung deiner Wahl zubereiten. Meine Mama hat die Brötchen immer gerne gemacht, als wir noch klein waren. Dann gab es immer eine extra große Portion zu Schulfesten oder auch bei Ausflügen. Darüber haben sich alle Mitschüler, Lehrer und Eltern gefreut.

ZUTATEN:

Teig:
½ Würfel Hefe (21 g)
2 EL Zucker
2 EL warmes Wasser
250 ml Milch
250 ml Mineralwasser
250 ml Sonnenblumenöl
2 TL Salz
1 kg Mehl

ZUBEREITUNG:

Teig:
Verrühre die Hefe mit dem Zucker und dem Wasser. Füge nun die Milch, das Mineralwasser, das Öl, das Salz und das Mehl hinzu und knete daraus in etwa 7–10 Minuten einen weichen Hefeteig. Lasse ihn abgedeckt etwa 1 Stunde aufgehen.

Füllung:
Schneide den Porree in feine Streifen und wasche ihn gründlich. Zerbrösele den Weichkäse mit den Fingern und verrühre nun den Porree, den Weichkäse, den Frischkäse, das Salz, die Chiliflocken und den Pfeffer miteinander.

Zum Bestreichen:
Verrühre das Ei, den Joghurt und das Öl miteinander.

Füllung:
2 Porree
350 g Weichkäse
400 g Frischkäse
¼ TL Salz
¼ TL Chiliflocken
¼ TL Pfeffer

Zum Bestreichen & Bestreuen:
1 Ei
1 EL Joghurt (10 %)
1 EL Öl
40 g Sesam
40 g Schwarzkümmel

Forme nun die Brötchen:
Wiege jeweils 50 Gramm schwere Teigportionen ab und forme diese zu Kugeln. Öffne sie dann auf einer gefetteten Arbeitsfläche mit den Händen zu einem Kreis mit etwa 10 cm Ø. Setze einen Esslöffel von der Füllung in die Mitte und verschließe die Kugel mit den Fingern und forme sie in den Handflächen wieder rund.

Setze jeweils 12 Teigkugeln mit genügend Abstand auf ein mit Backpapier oder Dauerbackfolie belegtes Backblech und bestreiche sie mit dem Guss. Bestreue sie nach Belieben mit Sesam und Schwarzkümmel. Backe sie im vorgeheizten Ofen bei 190 °C O/U für etwa 20–25 Minuten.

Serviere sie warm oder kalt und packe sie nach dem Abkühlen unbedingt luftdicht ein. Sie sind auch noch nach zwei Tagen super weich.

Zucchinipuffer (Kabak Mücveri)

4 Portionen Zubereitungszeit: 40 Min.

Meine Mama macht die mit Abstand besten Zucchinipuffer. Am liebsten esse ich sie im Sommer, wenn die Zucchinis aus unserem Garten reif sind. Dann schmecken sie auch ganz mild und leicht süßlich. Die Zucchinipuffer verfeinere ich manchmal gerne mit Karotten oder Kartoffeln. Ich bereite dann die doppelte oder dreifache Portion zu und somit können wir sie auch noch am nächsten Tag kalt essen.

ZUTATEN:

Zucchinipuffer:
2 Zucchini (700–800 g)
4 Frühlingszwiebeln
½ Bund Petersilie
1 TL Salz
2 Eier
¼ TL Pfeffer
1 TL edelsüßes Paprikapulver
200 g Mehl
1 TL getrocknete Minze
1 Prise Zimt
1 Prise Muskatnuss

Joghurtsoße:
400 g Joghurt (3,5 %)
1 TL Salz
¼ TL Pfeffer
etwas Zitronenschalenabrieb
1 Spritzer Zitronensaft
2 TL Chiliflocken

Zum Ausbacken:
Backtrennspray

ZUBEREITUNG:

Zucchinipuffer:
Reibe die Zucchini mit einer Küchenreibe fein und schneide die Frühlingszwiebeln in feine Ringe. Hacke die Petersilie fein. Verrühre nun alles mit dem Salz, den Eiern, dem Pfeffer, dem Paprikapulver, dem Mehl, der Minze, dem Zimt und der Muskatnuss.

Joghurtsoße:
Verrühre den Joghurt mit dem Salz, dem Pfeffer, dem Zitronenschalenabrieb und -saft und den Chiliflocken. Stelle die Joghurtsoße bis zum Verzehr in den Kühlschrank.

Zucchinipuffer:
Erwärme eine beschichtete Pfanne bei mittelhoher Hitze und besprühe sie mit Backtrennspray. Setze mit einem Eisportionierer etwa 3–4 Zucchinifladen in die Pfanne. Brate sie nun von beiden Seiten für etwa 3–4 Minuten an. Verwende bei Bedarf einen Deckel, damit sie durchgaren können.

Serviere die Zucchinipuffer warm oder kalt mit der Joghurtsoße.

Desserts & Teegebäck

Gerade in der mediterranen und der orientalischen Küche sind Desserts und Teegebäck nicht wegzudenken. Typisch und vielen bekannt sind hierbei unter anderem Mehlspeisen wie zum Beispiel Halva. Da in den traditionellen Rezepten an Desserts und Teegebäck oftmals mit viel Zuckersirup gearbeitet wird, habe ich diese zum Teil abgewandelt und nach meinem Geschmack optimiert, damit sie nicht so süß sind. Natürlich habe ich dabei auch an Samira und Ela gedacht, die man hier im Badischen liebevoll als zwei kleine „Zuckerschnuten“ bezeichnet, da ihnen nichts zu süß sein kann. Durch die leichte Abwandlung der Rezepte kann ich sie so auch mal noch das eine oder andere Stück Süßgebäck mehr essen lassen kann – jede Mutter weiß schließlich, dass das Verwehren von Süßspeisen unter Umständen einem Hochseilakt gleichen kann, was im Übrigen ebenso auf Murat zutrifft.

Wie immer habe ich auch in dieser Rubrik für dich meine Lieblingsrezepte ausgewählt. Diese kannst du zum Beispiel für den Kaffee- und Teeplausch zum Mittag mit Freunden und Familie zubereiten. Da eventuell nicht jeder „Zuckerschnuten“ im Freundes- und Familienkreis hat oder selbst eher zu einem herzhaften Snack zum Tee neigt, habe ich dir hier eine Auswahl sowohl an süßen als auch an deftigen Snacks zusammengestellt.

Die türkischen Süßspeisen werden oftmals mit viel Zucker zubereitet. Das hat den Vorteil, dass sie dadurch länger haltbar sind, da Zucker ein natürliches Konservierungsmittel ist. Der Nachteil ist ganz klar: Man kann nicht viel davon essen und ist nach bereits einem Stück oftmals übersättigt. Ich bereite die Süßspeisen gerne mit viel weniger Zucker zu. Ich bevorzuge es die Speisen in kleineren Mengen zuzubereiten und frisch zu verzehren. Natürlich ist es von Vorteil, wenn Baklava mit viel Zucker konserviert wird, da die Zubereitung sehr aufwändig ist. Dieses Rezept beispielsweise gehört zur klassischen, traditionellen türkischen, aber auch arabischen Küche. Da wir Baklava sehr selten nur essen, habe ich es nicht in diese Rezeptsammlung aufgenommen. Für dieses Kapitel habe ich gemeinsam mit Murat unsere Lieblingsrezepte ausgewählt und für dich zusammengestellt.

Atayef mit Milchcreme und Schokoladen-Krokant

60 Stück   Zubereitungszeit: 80 Min.

Atayef sind kleine, gefüllte Pfannkuchen. Traditionell werden sie mit einer Milchcreme gefüllt und in Pistazien gewendet. Ich habe eine zweite Variation kreiert und eine Schokoladen-Grieß-Creme zusammengestellt und die Atayef in selbstgemachtem Krokant gewälzt. Der Zuckersirup und der Pfannkuchenteig sind die Basis für beide Varianten. Letztendlich unterscheiden sie sich in der Füllung und in der Zutat, in der sie gewälzt werden. Der Zuckersirup ist in diesem Rezept sehr wichtig, da die Atayef selbst mit sehr wenig Zucker zubereitet werden. Durch den Sirup werden sie etwas konserviert und bekommen eine feine Süße.

ZUTATEN:

Zuckersirup:
200 g Zucker
200 ml Wasser
1 EL Zitronensaft

Teig:
350 g Mehl
60 g Zucker
1 TL Backpulver
½ TL Trockenhefe
¼ TL Salz
300 ml heißes Wasser
300 ml Milch

Milchcreme (für 30 St.):
150 ml Milch
100 ml Sahne
30 g Stärke
20 g Zucker

ZUBEREITUNG:

Zuckersirup:
Fülle den Zucker und das Wasser in einen Topf ein und lasse den Zuckersirup aufkochen. Lasse ihn etwa 3 Minuten sprudelnd kochen und füge dann den Zitronensaft hinzu. Nimm den Zuckersirup vom Herd herunter und lasse ihn komplett abkühlen.

Teig:
Verrühre das Mehl mit dem Zucker, dem Backpulver, der Hefe und dem Salz. Schütte die Milch und das Wasser zusammen und rühre diese Mischung nun nach und nach in die trockenen Zutaten ein. Rühre den Teig glatt und lasse ihn abgedeckt 15 Minuten stehen.

Milchcreme:
Verrühre die Milch mit der Sahne, der Stärke, dem Zucker, dem Salz, dem Vanilleextrakt, der Orangenschale und dem Rosenwasser in einem kleinen Topf und lasse die Mischung einmal aufkochen. Ziehe sie dann vom Herd herunter und rühre die Butter ein, bis sie geschmolzen ist. Decke die Creme direkt an der Oberfläche mit Frischhaltefolie ab und lasse sie abkühlen.

1 Prise Salz
½ TL Vanilleextrakt
Schale von ½ unbehandelten Orange
2 EL Rosenwasser
35 g Butter
100 g fein gemahlene Pistazien

Grießcreme (für 30 St.):
250 ml Milch
20 g Zucker
12 g Kakao
1 Prise Salz
½ TL Vanilleextrakt
2 EL Rosenwasser
Schale von ½ unbehandelten Orange
50 g Weichweizengrieß
125 g Mascarpone

Krokant:
100 g Zucker
100 g gehackte Mandeln
1 TL Butter

Zum Ausbacken:
Backtrennspray

Tipp:

Im Kühlschrank sind die Atayef etwa 2–3 Tage haltbar.

Grießcreme:
Fülle die Milch, den Zucker, den Kakao, das Salz, das Vanilleextrakt, das Rosenwasser und die Orangenschale in einen Topf und verrühre die Zutaten. Lasse sie einmal aufkochen und rühre den Grieß ein. Decke die Creme ab und lasse sie komplett abkühlen. Rühre die Mascarpone mit einem Schneebesen glatt und verrühre sie mit der Grießcreme.

Pfannkuchen backen:
Fette eine beschichtete oder Eisenpfanne mit etwas Backtrennspray oder bepinsele sie mit etwas Öl. Erhitze die Pfanne bei mittlerer Stufe. Setze mit einem Eisportionierer oder einem Esslöffel kleine Teigkreise in die Pfanne. Diese sollten einen Durchmesser von etwa 5–6 Zentimetern haben. Die Atayef werden nur von einer Seite etwa 3–4 Minuten gebacken, bis die Oberfläche nicht mehr roh ist. Es entstehen auf der Oberfläche kleine Bläschen, welche durch die Hefe zustande kommen. Lege die Atayef auf ein Abkühlgitter und bedecke sie mit einem Küchentuch, damit sie nicht austrocknen.

Krokant:
Fülle den Zucker in eine Pfanne und erhitze die Pfanne bei mittelhoher Hitze. Lasse den Zucker so lange darin schmelzen, bis er karamellfarben ist. Rühre hierbei nicht um. Ziehe das Karamell dann sofort vom Herd herunter und füge die gehackten Mandeln und die Butter hinzu. Stelle die Pfanne erneut auf den Herd und verrühre die Zutaten. Streiche ihn anschließend auf ein Backpapier oder eine Backfolie und lasse ihn erkalten. Zerkleinere das Krokant in einem Mixer oder in einem Gefrierbeutel mithilfe eines Ausrollstabes.

Atayef füllen:
Lege ein Atayef in der Mitte so zusammen, dass ein Hörnchen entsteht und klebe es zusammen. Dadurch, dass nur eine Teigseite gebacken ist, klebt die innere Seite gut. Fülle die beiden Cremes jeweils in einen separaten Spritzbeutel mit einer großen Lochtülle. Befülle die Hälfte der Atayef mit der Milch-, die andere Hälfte mit der Grießcreme.

Wälze die Milchcreme-Atayef in den Pistazien und die Schokoladen-Atayef im Krokant. Lege sie abwechselnd auf eine Servierplatte und beträufle sie mit dem Sirup.

Datteln im Schokoladenmantel

15–20 Stück | Zubereitungszeit: 45 Min. | Kühlzeit: 60 Min.

ZUTATEN:

15–20 entsteinte Datteln

Füllung:
80 g Pistazien
80 g Mandeln
4 EL Rosenwasser
50 g Puderzucker

Schokoladenmantel:
200 g Zartbitterkuvertüre
40 g Kokosfett
100 g abgezogene Mandeln

ZUBEREITUNG:

Füllung:
Übergieße die Mandeln in einer kleinen Schale mit kochendem Wasser und lasse sie 10 Minuten stehen. Ziehe dann die Haut ab.

Püriere die Mandeln gemeinsam mit den Pistazien, dem Rosenwasser und dem Puderzucker zu einer feinen, klebrigen Masse.

Befülle die entsteinten Datteln mithilfe eines kleinen Löffels oder einer Spritztülle.

Friere die gefüllten Datteln für 1 Stunde ein.

Überzug:
Hacke die Kuvertüre fein. Lasse etwas Wasser in einem Topf aufkochen und ziehe es dann vom Herd herunter, damit es nicht mehr kocht. Stelle ein Schälchen auf das Wasser, um ein Wasserbad für die Kuvertüre herzustellen. Achte darauf, dass kein Wasser in die Schale kommt! Gib nun zwei Drittel der gehackten Kuvertüre in das Schälchen und lasse es schmelzen. Nimm dann die Kuvertüre vom Wasserbad herunter und füge das restliche Drittel und das Kokosfett hinzu und rühre so lange, bis alle Schokoladenstücke geschmolzen sind.

Tauche die gefüllten Datteln mithilfe von zwei Gabeln in die Kuvertüre ein und lege sie auf einer Backfolie, einem Backpapier oder einem Abkühlgitter ab. Belege sie sofort mit einer abgezogenen Mandel.

Lagere sie bis zum Verzehr im Kühlschrank.

Dattelrolle

20 Stück | Zubereitungszeit: 20 Min. | Kühlzeit: 60 Min.

ZUTATEN:

100 g abgezogene Mandeln
50 g Haselnüsse
100 g entsteinte Datteln
1 TL Zimt
1 TL Vanilleextrakt
200 g Sesam

ZUBEREITUNG:

Püriere die abgezogenen Mandeln mit den Haselnüssen, den Datteln, dem Zimt und dem Vanilleextrakt zu einer klebrigen Masse. Rolle die Masse mithilfe von etwas Puderzucker auf einer Dauerbackfolie auf etwa 2 Millimetern Stärke zu einem Rechteck aus. Rolle die Platte mithilfe der Folie zu einer langen Rolle auf. Wälze sie in Sesam, bis sie komplett bedeckt ist. Stelle die Rolle eingepackt für 1 Stunde in den Kühlschrank und schneide sie anschließend in 1 Zentimeter breite Scheiben.

Espressokekse

30–35 Stück Zubereitungszeit: 30 Min. Backzeit: 12 Min.

Die Espressokekse sind ganz zart und zerfallen beim Genießen schon fast auf der Zunge. Sie sind ganz schnell zubereitet, da keine Wartezeiten des Teiges anfallen.

ZUTATEN:

200 g Mehl
25 g Kakao
110 g Butter
55 g Zucker
1 Prise Salz
½ TL Vanilleextrakt
1 heißer Espresso (ca. 40 ml)

ZUBEREITUNG:

Verknete das Mehl mit dem Kakao, der Butter, dem Zucker, dem Salz, dem Vanilleextrakt und dem Espresso zu einem geschmeidigen Teig.

Rolle den Teig zu einer langen Rolle mit etwa 2 Zentimetern Durchmesser und schneide 2 Zentimeter breite Scheiben ab. Forme diese dann zu einer Kugel und zwischen den Fingern dann oval. Markiere mit der stumpfen Seite eines Messers eine Linie in der Mitte, so dass der Keks wie eine Espressobohne aussieht.

Lege die Kekse auf ein mit Backfolie oder Backpapier belegtes Backblech und backe sie im vorgeheizten Ofen bei 190 °C O/U etwa 12 Minuten.

Lasse sie danach abkühlen und verpacke sie luftdicht. Sie sind etwa eine Woche haltbar.

Feigenpudding mit karamellisierten Walnüssen

(Incir Tatlısı)

4 Portionen   Zubereitungszeit: 30 Min.

Für dieses Dessert habe ich getrocknete Feigen ausgewählt und daraus eine Puddingspeise gekocht. Um das Dessert interessanter zu machen, habe ich Walnüsse gehackt und diese mit braunem Zucker karamellisiert.

ZUTATEN:

Feigenpudding:
500 ml Milch
1½ TL Stärke
2 EL Zucker
4 getrocknete Feigen
½ TL Vanilleextrakt
1 TL Butter

Karamellisierte Walnüsse:
80 g Walnüsse
50 g brauner Zucke

ZUBEREITUNG:

Feigenpudding:
Verrühre 4 Esslöffel Milch mit der Stärke und dem Zucker. Koche die restliche Milch in einem Topf auf und füge die Feigen hinzu, damit sie weich werden. Schalte den Herd wieder aus und lasse die Feigen etwa 5 Minuten in der Milch ruhen. Püriere die Feigen gemeinsam mit der Milch. Füge das Vanilleextrakt und die Stärkemischung hinzu und lasse die Mischung erneut aufkochen und etwa 1 Minute bei schwacher Hitze köcheln.

Nimm den Pudding vom Herd herunter und rühre die Butter ein. Verteile das Dessert in 4 Schälchen und stelle es für mindestens 2 Stunden kühl.

Karamellisierte Walnüsse:
Hacke die Walnüsse grob und röste sie in einer Pfanne ohne Fett, bis sie gut duften. Füge nun den Zucker hinzu und lasse ihn karamellisieren. Streiche die Masse zum Abkühlen auf ein Backpapier und lasse sie etwa 30 Minuten kühlen.

Brich die Walnüsse nach Bedarf auseinander und serviere sie gemeinsam mit dem Pudding.

Grießkuchen (Revani Tatlısı)

26 cm Ø | Zubereitungszeit: 15 Min. | Backzeit: 35 Min. | Kühlzeit: 2–3 Std.

Der Grießkuchen gehört zu den Süßspeisen, welche man gerne an Feiertagen, wie zum Beispiel zum Ramadan oder Opferfest zubereitet. Aber auch dann, wenn Familie oder Freunde zu Besuch kommen, ist Revani Tatlısı ein sehr beliebtes Dessert. Ich mag es gerne, wenn es nicht zu süß ist. Daher habe ich die Zuckermenge wesentlich reduziert und auch etwas Zitronenschalenabrieb zum Teig hinzugefügt. Somit schmeckt das Dessert leicht und erfrischend.

ZUTATEN:

Zuckersirup:
200 g Zucker
300 ml Wasser
Saft von 1 Zitrone

Grießteig:
3 Eier
1 Prise Salz
½ TL Vanilleextrakt
Zitronenabrieb von
2 unbehandelten Zitronen
100 g Zucker
100 ml Sonnenblumenöl
75 g Joghurt (3,5 %)
300 g Hartweizengrieß
70 g Mehl
1 P. Backpulver

ZUBEREITUNG:

Zuckersirup:
Fülle den Zucker und das Wasser in einen Topf ein und lasse den Zuckersirup aufkochen. Lasse ihn etwa 3 Minuten sprudelnd kochen und füge dann den Zitronensaft hinzu. Nimm den Zuckersirup vom Herd herunter und lasse ihn komplett abkühlen.

Grießteig:
Schlage einen Backring mit 26 cm Ø in Backpapier ein und stelle ihn auf ein (gelochtes) Backblech.

Verrühre die Eier mit dem Salz, dem Vanilleextrakt, dem Zitronenschalenabrieb und dem Zucker für etwa 4–5 Minuten zu einer cremigen Masse.

Verrühre den Joghurt mit dem Öl und rühre die Zutaten kurz bei niedriger Stufe ein. Verrühre den Weizengrieß mit dem Mehl und Backpulver und rühre die Zutaten vorsichtig ein.

Zum Begießen:
100 ml kalte Milch

Zum Dekorieren:
50 g Kokosstreusel

Fülle den Teig in die Backform ein und backe den Kuchen im vorgeheizten Backofen bei 170 °C O/U für etwa 35–40 Minuten. Führe die Stäbchenprobe durch und nimm den Kuchen aus dem Ofen, sobald er gar ist. Lasse ihn 2 Minuten abkühlen. Gieße dann sofort die kalte Milch darüber und lasse sie kurz einziehen. Gieße nun den Zuckersirup darüber und decke den Kuchen ab. Lasse ihn vollständig erkalten.

Löse den Kuchen dann mithilfe eines Backformmessers aus der Backform heraus und schneide ihn in die typische Rautenform. Schneide den Kuchen hierfür zuerst in Viertel. Verwende anschließend verschieden große, runde Teller, um dann die Rauten im jeweiligen Viertel zu schneiden. Lege dafür den kleinsten Teller mittig auf den Kuchen und schneide im 45°-Winkel zu den Vierteln die Stücke rautenförmig. Belege die Rauten nach Belieben mit Kokosraspeln oder mit gemahlenen Pistazien.

Der Kuchen ist total saftig und hält sich eingepackt im Kühlschrank mehrere Tage.

Helva

(Grieß- & Mehldessert)

Helva ist eine Dessertspezialität, welche aus Mehl oder Grieß hergestellt wird. Die Variante mit Grieß ist etwas grobkörniger und hat mehr Biss. Die Mehlspeise hingegen ist feiner im Geschmack und lässt sich auch wunderbar formen. Nach Belieben können Pinienkerne, Walnüsse oder Pistazien eingearbeitet werden.

Grießdessert (Irmik helvası)

6 Portionen Zubereitungszeit: 45 Min.

ZUTATEN:

80 g Butter
20 g Sonnenblumenöl
65 g Pinienkerne
300 g Weichweizengrieß
250 ml Wasser
250 g Zucker
1 TL Vanilleextrakt
250 ml Milch

ZUBEREITUNG:

Erhitze die Butter mit dem Öl in einem großen Topf bei mittlerer Stufe. Füge die Pinienkerne und den Grieß hinzu und brate die Masse nun so lange an, bis die Pinienkerne bräunlich und der Grieß sandfarben wird. Hierbei ist wichtig, dass der Grieß ständig gerührt wird, damit er eine gleichmäßige Bräunung bekommt. Der Vorgang kann etwa 20 Minuten dauern.

Setze inzwischen den Sirup auf. Fülle hierfür das Wasser und den Zucker in einen separaten Topf und lasse den Zuckersirup etwa 1 Minute sprudelnd kochen.

Koche die Milch in einem separaten Topf auf und ziehe sie wieder vom Herd herunter.

Füge den Zuckersirup zum Grieß hinzu, sobald dieser die perfekte Farbe angenommen hat. Bitte sei vorsichtig, der Grieß ist sehr heiß! Füge nun auch die Milch hinzu und lasse die Masse kurz aufkochen. Füge das Vanilleextrakt hinzu, schalte dann den Herd aus und lasse das Helva mit Deckel etwa 10 Minuten quellen.

Anschließend kann das Helva warm oder kalt gegessen werden. Warm lässt es sich beispielsweise mit einem Eisportionierer gut formen. Dazu passt hervorragend eine Kugel Eis.

Mehldessert (Un helvası)

6 Portionen   Zubereitungszeit: 25 Min.

ZUTATEN:

350 g Zucker
750 ml Wasser
100 g Butter
100 g Sonnenblumenöl
360 g Mehl
100 g gehackte Walnüsse

ZUBEREITUNG:

Verrühre den Zucker und das Wasser und lasse den Zuckersirup in einem Topf aufkochen und 1 Minute sprudelnd kochen.

Erhitze die Butter und das Öl in einem großen Topf bei mittlerer Stufe und füge das Mehl hinzu. Rühre es ein und schwitze das Mehl im Fett etwa 10 Minuten an. Das Mehl soll hierbei hell bleiben und es soll keine dunkle Mehlschwitze entstehen. Je dunkler die Masse wird, umso stärker wird der Geschmack. Ich bevorzuge hierbei die helle Mehlschwitze für einen angenehmen Geschmack.

Füge nun den heißen Sirup vorsichtig in einem dünnen Strahl hinzu und rühre hierbei das Mehldessert kräftig durch, damit es nicht klumpt. Sei vorsichtig, da es sehr heiß ist und spritzen kann.

Sobald der Sirup eingerührt ist, kann die Hitze des Herdes abgestellt werden. Rühre nun die gehackten Walnüsse ein und forme mithilfe von zwei Esslöffeln Nocken. Serviere das Helva warm oder kalt.

Künefe

8 Portionen Zubereitungszeit: 60 Min. Backzeit: 20 Min.

Künefe ist ein orientalisches Dessert, welches frisch und warm gegessen wird. Hierbei werden dünne Teigfäden, das sogenannte Engelshaar (Kadayıf) mit Butter vermengt und gemeinsam mit einem geschmacksneutralen Käse geschichtet. Das Dessert wird ganz heiß aus dem Backofen mit Zuckersirup übergossen. Für mich persönlich ist Künefe die Königin der Desserts. Viele verziehen das Gesicht, wenn ich sage, dass es mit Käse zubereitet wird. Ich liebe die knusprigen, süßen Teigfäden in Verbindung mit dem cremigen Käse. Da in Deutschland der Originalkäse nicht verfügbar ist, verwende ich einen Mozzarella und bevorzuge hierbei den Büffelmozzarella, der wunderbar cremig ist. Auch mein Team war anfangs misstrauisch, was das Dessert angeht. Alle haben es probiert und alle waren begeistert.

ZUTATEN:

Zuckersirup:
1½ Gläser Zucker
1½ Gläser Wasser
2 Spritzer Zitronensaft

Künefe:
500 g Kadayıf
250 g Butter
2 EL Traubensirup
440 g Büffelmozzarella

ZUBEREITUNG:

Zuckersirup:
Fülle den Zucker und das Wasser in einen großen Topf und verrühre beides miteinander. Lasse den Zuckersirup aufkochen und dann so lange einkochen, bis er wie ein Faden vom Löffel fließt. Hierfür teste ich die Fließfähigkeit immer wieder während des Kochens. Füge zum Schluss den Zitronensaft hinzu, fülle den Sirup in ein anderes Gefäß um und lasse ihn komplett abkühlen.

Künefe:
Nimm zwei Esslöffel der weichen Butter weg und verrühre sie mit dem Traubensirup.

Schneide das Kadayıf in 1 cm lange Fäden und zupfe es nun mit den Händen so auseinander, dass alle Fäden sich voneinander lösen. Verknete die Teigfäden dann mit der restlichen Butter. Die Butter und die Teigfäden sollen gut miteinander vermischt sein. Schneide den Büffelmozzarella in feine Scheiben.

Zum Backen verwende ich 8 kleine gusseiserne Pfännchen. Diese eignen sich hervorragend, da sie nach dem Backen lange heiß bleiben. Die Zubereitung des Desserts kann auch in einer großen Pfanne erfolgen.

Bestreiche die Backformen mit der Traubensirup-Butter. Verteile nun die Hälfte der Engelshaare in den Schälchen und drücke sie flach. Lege darüber die Mozzarellascheiben. Belege den Mozzarella mit dem restlichen Engelshaar und drücke es sehr gut fest. Zum Festdrücken kann auch ein Gegenstand mit einem flachen Boden, wie zum Beispiel ein Glas verwendet werden.

Backe das Dessert nun kurz vor dem Servieren im vorgeheizten Backofen bei 220 °C O/U für etwa 20 Minuten, bis die Oberfläche goldbraun ist.

Übergieße das Künefe direkt nach dem Backen mit dem kalten Sirup. Das Dessert zieht den Sirup ein und blubbert so schön. Serviere es noch ganz frisch und warm.

Produktinfo:
Kadayıf sind feine Teigfäden, die auch Engelshaar genannt werden. Aus ihnen werden in der türkischen Küche traditionell Desserts hergestellt. Du findest das Engelshaar im türkischen oder arabischen Supermarkt.

Milchreis (Sütlaç)

4 Portionen · Zubereitungszeit: 30 Min. · Backzeit: 10 Min.

Lass mich kurz erklären was die Besonderheiten von der türkischen Zubereitungsweise des Milchreises sind. Der Milchreis ist unglaublich cremig und wird nach dem Kochen in kleine Förmchen gegossen und im Ofen gebacken. Dadurch entsteht auf der Oberfläche eine karamellisierte Haut, wobei der Milchreis darunter wunderbar cremig bleibt. Beim Löffeln behält er eine ganz cremige Textur bei.

ZUTATEN:

400 ml Wasser
100 g Milchreis
1 Prise Salz
1 Liter Milch
3 EL Stärke
120 g Zucker
1 TL Vanilleextrakt

ZUBEREITUNG:

Wasche den Milchreis in einem Haarsieb unter klarem Wasser so lange aus, bis die Stärke ausgewaschen und das abfließende Wasser klar ist.

Gib den Reis gemeinsam mit dem Wasser und dem Salz in einen Topf und lasse ihn aufkochen. Verschließe den Topf mit einem Deckel und lasse ihn bei mittlerer Hitze in etwa 10–15 Minuten weichkochen.

Verrühre etwa 50 Milliliter Milch mit der Stärke und rühre sie glatt. Füge die restliche Milch, den Zucker und das Vanilleextrakt zum Milchreis hinzu und lasse ihn bei mittelhoher Hitze unter ständigem Rühren aufkochen. Rühre die Stärkemilch ein und lasse den Milchreis bei gelegentlichem Rühren bei niedriger Stufe etwa 15 Minuten köcheln.

Fülle den Milchreis in 4 ofenfeste Förmchen ein und stelle die Förmchen auf ein Backrost. Stelle eine ofenfeste Schale mit etwa 1 Liter Wasser auf den Boden des Backofens und backe den Milchreis nun im vorgeheizten Backofen bei 200 °C O/U für etwa 10 Minuten, bis die Oberfläche Bläschen wirft.

Serviere ihn danach warm oder kalt – gerne mit etwas Zimt.

Mohntorte mit Kirschkompott

26 cm Ø · Zubereitungszeit: 30 Min. · Backzeit/Kochzeit: 45 Min. · Kühlzeit: 4–8 Std.

Die Mohntorte gehört zu meinen absoluten Lieblingstorten. Im Teig ist Mohn und Weizengrieß mit etwas Zitronenschalenabrieb verarbeitet. Dazu serviere ich ein Kirschkompott. Fügt man statt dem Zitronenschalenabrieb etwas Zimt zum Teig hinzu und serviert die Mohntorte mit Apfelkompott, kann man auch im Winter eine wundervolle Kreation zaubern.

ZUTATEN:

Zuckersirup:
200 g Zucker
250 ml Wasser
1 TL Zitronensaft

Teig:
4 Eier
1 Prise Salz
1 TL Vanilleextrakt
Abrieb von
1 unbehandelten Zitrone
200 g Zucker
200 g Hartweizengrieß
200 g Mohn
200 ml Sonnenblumenöl

ZUBEREITUNG:

Zuckersirup:
Fülle den Zucker und das Wasser in einen Topf ein und lasse den Zuckersirup aufkochen. Lasse ihn etwa 3 Minuten sprudelnd kochen und füge dann den Zitronensaft hinzu. Nimm den Zuckersirup vom Herd herunter und lasse ihn komplett abkühlen.

Teig:
Schlage einen Backring mit 26 cm Ø in Backpapier ein und stelle ihn auf ein (gelochtes) Backblech.

Verrühre die Eier mit dem Salz, dem Vanilleextrakt, dem Zitronenschalenabrieb und dem Zucker für etwa 4–5 Minuten zu einer cremigen Masse.

Verrühre den Hartweizengrieß und den Mohn und rühre die Zutaten gemeinsam mit dem Öl kurz in den Teig ein.

Fülle den Teig in die Backform ein und backe den Kuchen im vorgeheizten Backofen bei 170 °C O/U für etwa 35–40 Minuten. Führe die Stäbchenprobe durch und nimm den Kuchen aus dem Ofen, sobald er gar ist. Übergieße ihn sofort mit dem abgekühlten Sirup.

Lasse den Kuchen komplett abkühlen.

Creme:
250 g Magerquark
2 TL Sanapart
1 TL Vanilleextrakt
400 g Sahne
4 TL Sanapart

Dekoration:
100 g Kokosraspeln

Kirschkompott:
200 g Kirschen
80 g Zucker
Abrieb und Saft von
1 unbehandelten Limette
1 TL Vanilleextrakt

Creme:
Verrühre den Magerquark mit dem Sanapart und Vanilleextrakt.

Schlage die Sahne mit dem restlichen Sanapart steif und hebe die Quarkcreme unter. Streiche die Creme auf den abgekühlten Boden und bestreue die Torte mit den Kokosraspeln. Stelle die Torte abgedeckt für mindestens 2 Stunden kühl.

Kirschkompott:
Entkerne die Kirschen und halbiere sie. Verrühre sie mit dem Zucker, dem Limettenabrieb und -saft und dem Vanilleextrakt. Lasse die Kirschen 10 Minuten in einem Topf stehen.

Lasse das Kirschkompott nun aufkochen und etwa 2–3 Minuten köcheln. Lasse es dann komplett abkühlen.

Entferne den Backring und serviere die Tortenstücke mit dem Kirschkompott.

Mohnzopf mit Tomatenmarmelade

(Haşhaşlı Çörek ve Domates Reçeli)

4 Portionen | Zubereitungszeit: 60 Min. | Wartezeit: 1 Std. | Backzeit: 35–40 Min.

Çörek, so wird eine Art Kuchenbrot bezeichnet. Das Gebäck wird nicht zu süß hergestellt, so dass als Beilage süße Marmeladen oder auch herzhafte Aufstriche gereicht werden können. Oftmals serviert man ein Çörek, was einem Zopf gleicht und geflochten oder gedreht wird, zur Teezeit oder auch zum Frühstück. Ich habe eine Tomatenmarmelade gekocht, die ebenfalls nicht zu süß ist.

ZUTATEN:

Hefeteig:
250 ml Wasser
1 P. Trockenhefe
1 EL Zucker
100 g Öl
40 g Joghurt (10 %)
1 EL Salz
1 Eiweiß
570 g Mehl

Füllung:
100 g Mohn
50 g gemahlene Walnüsse
100 g Öl
1 TL Vanilleextrakt

ZUBEREITUNG:

Hefeteig:
Verrühre das Wasser mit der Hefe und dem Zucker und knete das Öl, den Joghurt, das Salz, das Eiweiß und das Mehl ein und knete den Teig etwa 10 Minuten geschmeidig. Forme ihn zu einer Kugel und lasse ihn abgedeckt etwa 1 Stunde aufgehen.

Füllung:
Mahle den Mohn fein und verrühre ihn mit den gemahlenen Walnüssen, dem Öl und dem Vanilleextrakt.

Halbiere den Teig und forme daraus jeweils eine Kugel. Rolle die Teigkugeln auf einer bemehlten Arbeitsfläche zu großen Kreisen mit etwa 1 Millimeter Stärke aus. Bestreiche sie mit der Füllung und halbiere sie. Rolle nun jede Hälfte zu einer dünnen Rolle zusammen.

Schneide sie mithilfe eines scharfen Messers längs durch und drehe die zwei Teigstränge wie einen Nusszopf umeinander. Damit die Teigstränge nicht auseinanderfallen, schneide ich die Teigrolle zuerst

Zum Bestreichen:
1 Eigelb
2 EL Wasser

Tomatenmarmelade:
500 g Cocktailtomaten
170 g Gelierzucker (3:1)
1 TL Vanilleextrakt
Saft von 1 Zitrone
10 g Ingwer
1 kleine Chilischote

zur Hälfte ein, zwirble beide Teile und schneide dann erst die übrige Hälfte ein und drehe die Teigstränge fertig.

Drehe den ersten Teigstrang in sich zusammen, so dass eine Schnecke entsteht. Lege ihn auf ein mit Backfolie oder Backpapier belegtes Backblech und lege die übrigen Teigstränge außenherum, sodass eine große Spirale entsteht.

Verrühre das Eigelb mit dem Wasser und bestreiche den Zopf damit. Backe ihn im vorgeheizten Backofen bei 190 °C O/U für etwa 35–40 Minuten, bis der Zopf goldbraun ist.

Tomatenmarmelade:
Halbiere die Tomaten und verrühre sie mit dem Gelierzucker. Füge das Vanilleextrakt und den Zitronensaft hinzu. Reibe den Ingwer fein und hacke die Chilischote. Füge auch diese Zutaten hinzu und lasse die Tomatenmasse 30 Minuten lang ziehen. Koche die Marmelade auf und lasse sie etwa 10 Minuten köcheln. Serviere sie warm oder kalt zum Çörek. Falls du die Marmelade kalt servieren möchtest, solltest du zuerst die Marmelade und dann das Çörek zubereiten.

Orientalischer Strudel

2 Strudel | Zubereitungszeit: 45 Min. | Wartezeit: 30 Min. | Backzeit: 35 Min.

Apfelstrudel trifft den Orient. Ich habe den typischen, deutschen Apfelstrudel mit orientalischen Zutaten verfeinert. Apfelstrudel an sich ist schon sehr lecker – in Kombination mit den Datteln, Pistazien und Nüssen kann man ihm kaum widerstehen.

ZUTATEN:

Teig:
250 g Mehl
2 g Salz
1 Ei
125 ml lauwarmes Wasser
20 ml Öl

Füllung:
1 kg Äpfel
(Boskop oder Braeburn)
Saft von ½ Zitrone
100 g entsteinte Datteln
50 g Pistazien
50 g Walnüsse
50 g Mandeln
50 g Zucker
½ TL Zimt
Abrieb von
1 unbehandelten Orange
100 g Joghurt (10 %)

Zum Bestreichen & Bestreuen:
60 g Butter
süßer Schnee

ZUBEREITUNG:

Strudelteig:
Verknete das Mehl mit Salz, Ei, Wasser und Öl. Verwende nur so viel Wasser, so dass ein Teig entsteht, der nicht klebt. Knete ihn für etwa 3–4 Minuten durch und teile ihn dann in 2 Kugeln ein. Streiche die Kugeln mit etwas Öl ein und lasse sie abgedeckt 30 Minuten ruhen.

Füllung:
Schäle die Äpfel und vermische sie mit dem Zitronensaft. Hacke die Datteln, die Pistazien, die Walnüsse und Mandeln fein. Verrühre die Äpfel mit den gehackten Zutaten, dem Zucker, dem Zimt und dem Orangenschalenabrieb. Lasse die Füllung abgedeckt stehen.

Rolle den Teig auf einem sauberen und glatten Küchentuch mithilfe von Mehl so weit aus, wie es mit dem Ausrollstab möglich ist. Ziehe ihn nun mit den Handrücken so weit aus, dass er ganz dünn wird. Bestreiche die Platte mit etwas Butter und mit der Hälfte des Joghurts.

Verteile nun die Hälfte der Apfelfüllung darüber und drücke diese aber vorher aus, so dass die Flüssigkeit nicht im Strudel landet.

Klappe nun die Seiten ein. Schneide eventuelle Teigreste ab und lege sie in den Strudel. Rolle den Strudel mithilfe des Küchentuches auf. Setze ihn auf ein mit Dauerbackfolie ausgelegtes Backblech und forme ihn zu einer Schnecke. Bereite den übrigen Teig genauso zu und lege die Strudelrolle um den ersten Strudel herum. Bestreiche den Strudel komplett mit Butter. Backe ihn im vorgeheizten Ofen bei 190 °C Heißluft für etwa 30–35 Minuten.

Serviere ihn danach mit süßem Schnee oder Puderzucker. Süßer Schnee ist ein besonderer Puderzucker, welcher auf der Oberfläche nicht schmilzt.

Tipp:

Füge 2 Esslöffel Rosenwasser oder Orangenblütenwasser hinzu, damit der Strudel noch aromatischer wird.

Rosenkekse (Gül Tatlısı)

60 Portionen | Zubereitungszeit: 90 Min. | Wartezeit: 60 Min. | Backzeit: 20 Min.

Die Rosenkekse verdanken ihren Namen natürlich ihrem Aussehen. Sie sehen zwar total kompliziert aus, sind aber in der Zubereitung einfacher als gedacht. Zum Zubereiten der Rosenkekse werden keine speziellen Hilfsmittel benötigt. Du benötigst lediglich einen runden Gegenstand zum Ausstechen und ein Messer.

ZUTATEN:

Zuckersirup:
200 g Zucker
300 ml Wasser
Saft von 1 Zitrone

Teig:
200 g Hartweizengrieß
1 P. Backpulver
750 g Mehl
1 TL Vanilleextrakt
200 g Sonnenblumenöl
125 g weiche Butter
250 g Joghurt (10 %)
1 Ei

ZUBEREITUNG:

Zuckersirup:
Fülle den Zucker und das Wasser in einen Topf ein und lasse den Zuckersirup aufkochen. Lasse ihn etwa 3 Minuten sprudelnd kochen und füge dann den Zitronensaft hinzu. Nimm den Zuckersirup vom Herd herunter und lasse ihn komplett abkühlen.

Teig:
Verrühre den Hartweizengrieß mit dem Backpulver und dem Mehl. Füge nun das Vanilleextrakt, das Öl, die weiche Butter, den Joghurt und das Ei hinzu und verknete den Teig rasch zu einem weichen und geschmeidigen Teig.

Stelle den Teig abgedeckt für 1 Stunde in den Kühlschrank.

Knete ihn anschließend erneut durch und rolle ihn auf einer bemehlten Arbeitsfläche etwa 2–3 Millimeter dünn aus.

Tipp:

Verfeinere den Teig nach Belieben mit etwas Zitronen- oder Orangenschalenabrieb, mit Zimt, Tonkabohne oder auch Rosenwasser.

Verwende nun ein kleines Glas oder einen runden Ausstecher mit etwa 3–4 cm Durchmesser und stich jeweils 5 Kreise aus. Lege die Kreise leicht überlappend aneinander.

Rolle die Teigkreise nun zu einer gesamten Rolle auf und übe hierbei einen ganz leichten Druck aus, damit sie aneinanderhaften.

Schneide die Rosenrolle nun in der Mitte auseinander. So entstehen pro Rolle zwei Kekse.

Lege die Kekse mit der Schnittfläche nach unten auf ein mit Backfolie oder Backpapier ausgelegtes Backblech.

Backe die Kekse im vorgeheizten Backofen bei 190 °C O/U für etwa 20 Minuten, bis sie eine leichte Farbe annehmen. Lasse sie nach dem Backen etwa 10 Minuten abkühlen und stelle sie in einen tiefen Teller oder in eine Auflaufform und übergieße sie mit dem Zuckersirup. Lasse die Kekse darin etwa 10 Minuten einweichen und nimm sie dann heraus.

Nach dem Abkühlen sind die Rosenkekse bereit zum Servieren.

Sesamkrokant

4 Portionen   Zubereitungszeit: 30 Min.   Kühlzeit: 1 Std.

Als Kind hat mir mein Onkel regelmäßig Sesamkrokant gekauft. Sesam an sich ist schon sehr aromatisch. In Verbindung mit Zucker und Honig ist diese Zutat unschlagbar. Als ich mit Murat zum ersten Mal im türkischen Supermarkt war, fühlte er sich wie im siebten Himmel, als er die Kräcker entdeckt hat. Er liebt sie heiß und innig und hat sich für dieses Buch von mir ein Rezept dazu gewünscht.

ZUTATEN:

140 g Sesam
40 g Zucker
40 g Honig
20 g Butter

ZUBEREITUNG:

Röste den Sesam in einer Pfanne ohne Fett für etwa 1 Minute, bis er gut duftet.

Nimm den Sesam aus der Pfanne heraus und lasse in dieser Pfanne den Zucker gemeinsam mit dem Honig karamellisieren. Lasse das Karamell einmal aufkochen und füge dann die Butter und den Sesam hinzu. Röste die Zutaten für eine weitere Minute. Streiche die heiße Sesammasse auf einer Dauerbackfolie oder einem Backpapier glatt. Lege eine weitere Backfolie darüber und rolle die Masse mit einem Ausrollstab glatt.

Lasse das Sesamkaramell im Kühlschrank etwa 1 Stunde aushärten und brich es danach in grobe Stücke.

Bewahre es anschließend luftdicht auf, damit es durch die Luftfeuchtigkeit nicht aufweicht und klebrig wird.

Spinattorte

26 cm Ø   Zubereitungszeit: 90 Min.   Backzeit/Kochzeit: 50 Min.   Kühlzeit: 4 Std.

Dein erster Gedanke ist jetzt wahrscheinlich: „Was hat Spinat in einer Torte verloren?" Genau das dachte ich auch als ich zum ersten Mal von diesem Rezept hörte! Aber der Spinat ist hier ganz richtig und macht diese Torte zu einem Augenschmaus. Der Kuchen wird dadurch sehr saftig und den Spinat schmeckt man auch wirklich gar nicht heraus. Ich habe meine Familie und meine Freunde blind verkosten lassen und keiner konnte die geheime Zutat herausschmecken.

ZUTATEN:

Spinatteig:
500 g Spinat (TK)
250 ml Milch
4 Eier
200 g Zucker
1 Prise Salz
1 TL Vanilleextrakt
200 ml Sonnenblumenöl
Schale von
1 unbehandelten Zitrone
Saft von ½ Zitrone
½ TL Zimt
300 g Mehl
2 TL Backpulver

ZUBEREITUNG:

Spinatteig:
Schlage einen Backring mit Backpapier ein, da der Spinatteig sehr flüssig sein wird. Stelle den eingeschlagenen Backring auf ein gelochtes Backblech.

Lasse den Spinat auftauen und koche ihn in einem Topf so lange ein, bis fast keine Flüssigkeit mehr vorhanden ist. Lasse ihn abkühlen. Püriere den Spinat mit der Milch sehr fein.

Rühre die Eier, den Zucker, das Salz und das Vanilleextrakt in 4–5 Minuten sehr cremig. Füge das Sonnenblumenöl und die Spinatmilch hinzu und rühre die Zutaten bei niedriger Stufe kurz ein. Rühre die Zitronenschale und den -saft ein. Verrühre das Mehl mit dem Zimt und dem Backpulver und siebe die Zutaten in den Teig. Hebe sie vorsichtig mit einem Schneebesen unter oder rühre sie vorsichtig bei niedriger Stufe ein.

Fülle den Teig in die Backform und backe ihn im vorgeheizten Ofen bei 170 °C O/U für etwa 45–50 Minuten. Mache auf jeden Fall eine Stäbchenprobe und nimm den Kuchen erst aus dem Ofen heraus, wenn keine Teigreste am Zahnstocher hängen.

Creme:
500 g Mascarpone
400 ml Sahne
70 g Puderzucker
50 g Honig
1 TL Vanilleextrakt
9 TL Sanapart

Dekoration:
100 g gehackte Pistazien
250 g Erdbeeren

Tipp:

Falls du statt einem Backring und einem gelochten Blech eine Springform verwendest, solltest du die Backzeit erhöhen, damit der Teig durchgart.

Lasse den Kuchen danach komplett abkühlen. Schneide einen dünnen Deckel ab und zerkrümele diesen Kuchenteil. Die Krümel werden am Ende auf die Torte gestreut.

Schneide den übrigen Kuchen einmal durch.

Creme:
Verrühre die Mascarpone bei geringer Stufe mit der Sahne. Füge nun den Puderzucker, den Honig, das Vanilleextrakt und das Sanapart hinzu und rühre die Creme bei mittelhoher Stufe steif.

Lege den unteren Kuchenboden auf eine Tortenplatte und setze einen Backring außenherum. Bestreiche ihn mit der Hälfte der Creme. Lege den zweiten Kuchenboden auf und streiche die restliche Creme darüber. Vermische die gehackten Pistazien mit den Kuchenbröseln, streue sie über die Creme und drücke sie leicht an. Halbiere die Erdbeeren und lege sie auf die Torte.

Stelle die Torte für 3 Stunden kühl. Entferne den Backring und serviere die Torte.

Süße Bällchen (Ballı Lokma)

10 Portionen | Zubereitungszeit: 60 min. | Wartezeit: 60 Min.

„Ballı Lokma Tatlısı" – in Honig und Zuckersirup getauchte Lokma, darüber gibt es unzählige Songtexte, die über die kleine Süßspeise berichten. Lokma, so nennt sich die frittierte, süße Spezialität, die mich zurück in meine Kindheit bringt. Ich erinnere mich so gerne an unsere Urlaube, die wir bei meiner Tante Zeynep in Yalova, in der Nähe von Istanbul verbracht haben. Mit ihr gemeinsam haben wir die Stadt erkundet. Dort kann man am Meer entlanglaufen und an jeder Ecke gibt es Teehäuser und kleine Stände, die Lokma verkaufen. Sie werden direkt nach dem Bestellen vor den Augen der Besucher frittiert und ganz heiß in Zuckersirup getaucht. Beim Essen mussten wir immer darauf achten uns nicht zu verbrennen. Ich kann dir zwar nicht das Ambiente, das Meer und die wundervollen Menschen nach Hause bringen, aber zumindest kannst du in den Genuss der Lokma kommen, indem du sie zu Hause selbst zubereitest.

ZUTATEN:

Zuckersirup:
750 g Zucker
750 ml Wasser
2 EL Honig
Saft von ½ Zitrone

Hefeteig:
½ Würfel Hefe
1 EL Zucker
2 EL warmes Wasser
500 g Mehl
500 g Milch
1 TL Salz
1 EL Essig

3 Liter Frittierfett

ZUBEREITUNG:

Zuckersirup:
Fülle den Zucker und das Wasser in einen großen Topf und verrühre sie miteinander. Lasse den Zuckersirup aufkochen und dann so lange einkochen, bis er wie ein Faden vom Löffel fließt. Hierfür teste ich die Fließfähigkeit immer wieder während des Kochens. Füge zum Schluss den Honig und Zitronensaft hinzu, fülle den Sirup in ein anderes Gefäß um und lasse ihn komplett abkühlen. Er muss ganz kalt sein. Stelle ihn am besten für 1 Stunde in den Kühlschrank.

Hefeteig:
Verrühre die Hefe mit dem Zucker und dem Wasser. Rühre nun das Mehl, die Milch, das Salz und den Essig ein und knete daraus, nach Belieben mit den Knethaken des Handrührgeräts in etwa 5–6 Minuten einen sehr weichen Hefeteig. Lasse ihn abgedeckt etwa 1 Stunde ruhen.

Lokma formen und frittieren:
Stelle nun einen großen Topf mit dem Frittierfett bereit und erhitze es bei mittlerer Stufe auf 180 °C. Stelle den kalten Zuckersirup bereit und ein weiteres Schälchen, um die fertigen Lokma hineinzulegen.

Ich empfehle dir die Zubereitung mit einem Spritz- oder Gefrierbeutel. Fülle den Teig in einen Spritz- oder Gefrierbeutel ein und schneide eine Spitze vorne weg. Nimm nun einen Teelöffel mit langem Stiel, zum Beispiel einen Latte Macchiato Löffel und tauche ihn vorsichtig in das heiße Fett. Spritze nun etwas Teig aus dem Spritzbeutel heraus und nimm ein etwa 2 cm großes Stück mit dem Teelöffel weg und lasse es vorsichtig in das heiße Fett gleiten.

Die traditionelle Zubereitung wird mit der Hand durchgeführt. Hierfür wird der Teig in die Hand genommen. Forme dann eine Faust und drücke den Teig zwischen Zeigefinger und Daumen heraus. Nimm den Teig wie oben beschrieben mit dem Teelöffel weg und lege die Teigkugel vorsichtig in das heiße Fett. Hierbei muss man allerdings extrem aufpassen, um sich nicht am heißen Fett zu verbrennen.

Frittiere die Lokma für etwa 3–4 Minuten, bis sie goldbraun sind. Sie drehen sich im Fett normalerweise von alleine. Nimm sie aus dem Fett heraus, lasse sie in der Schöpfkelle ganz kurz abtropfen und lege sie sofort in den kalten Sirup. Lasse sie etwa 20 Sekunden im Sirup liegen und nimm sie wieder heraus.

Die Lokma schmecken frisch am besten. Außen sind sie knusprig und innen weich. Sollten doch ein paar übrigbleiben, dann kannst du sie in einer Schüssel ohne Deckel aufbewahren, damit sie nicht aufweichen.

Zimt- und Schokoladenkekse (Kurabiye)

40–50 Portionen Zubereitungszeit: 45 Min. Backzeit: 18 Min.

Kurabiye ist ein Überbegriff und wird als Synonym für Kekse verwendet. Ursprünglich wurden diese Kekse nur zubereitet, um die Ofentemperatur vor dem Brotbacken zu testen. Hierfür hat man diese kleinen Gebäckstücke in den Ofen gelegt und konnte somit die Ofentemperatur ohne Thermometer bestimmen. Mittlerweile sind die Kurabiye seit Jahrhunderten nicht mehr wegzudenken. Vielleicht hast du auch schon mal eine türkische Bäckerei oder Konditorei besucht und die vielen verschiedenen Gebäckstücke gesehen. Mein Rezept ist ein Grundrezept, welches du nach Belieben verändern kannst. Ich habe eine Variante mit Zimt und Mandeln zubereitet und die andere mit Kakao und Kokos verfeinert. Nun darfst du selbst entscheiden welche Variante du zuerst ausprobieren möchtest.

ZUTATEN:

Zimtkekse:
250 g Butter
150 g Puderzucker
1 Eigelb
1 TL Vanilleextrakt
1 Prise Salz
1 P. Backpulver
400 g Mehl
2 TL Zimt
100 g gehackte Mandeln

Schokoladenkekse:
250 g Butter
150 g Puderzucker
1 Eigelb
1 TL Vanilleextrakt
1 P. Backpulver
1 Prise Salz
375 g Mehl
25 g Kakao
100 g Kokosraspel

Zum Bestreichen:
1 Eiweiß

ZUBEREITUNG:

Keksteig:
Verknete zuerst die Butter mit dem Puderzucker. Füge das Eigelb, das Vanilleextrakt und die Prise Salz hinzu. Verrühre nun das Backpulver mit dem Mehl und dem Zimt oder dem Kakaopulver. Füge die trockenen Zutaten nun zur Buttermasse hinzu und knete einen weichen Teig daraus.

Forme den Teig zu einer langen Rolle mit etwa 2 Zentimeter Durchmesser. Schneide etwa 2 Zentimeter breite Scheiben ab und forme diese jeweils zu einer Kugel.

Verrühre das Eiweiß. Tauche nun die Kugel mit der Oberfläche in das Eiweiß und dann in die gehackten Mandeln oder in die Kokosraspel und setze die Teigkugeln mit Abstand auf ein mit Backfolie oder Backpapier ausgelegtes Backblech. Backe die Kekse im vorgeheizten Backofen bei 190 °C O/U für etwa 15–18 Minuten. Lasse sie danach komplett abkühlen und verpacke sie luftdicht. So sind sie mehrere Wochen haltbar.

Getränke

Viele kennen ihn bestimmt bereits und lieben ihn eventuell schon genauso wie wir: Den typischen çay – türkischer Schwarztee. Was wäre der Türkei-Urlaub ohne das aromatische und beliebte Heißgetränk? Vor allem in den unterschiedlichen Getränken und Tees kommt die Würze und Vielfalt des Orients voll zur Geltung: Marokko zum Beispiel ist bekannt für den leckeren Minztee, in der Türkei wird nach dem Essen zumeist der bereits erwähnte Schwarztee getrunken. Selbst bei meinem Mann Murat machen sich seine osmanischen Gene bemerkbar, so dass er immer direkt nach dem Essen seinen obligatorischen türkischen Schwarztee verlangt. Egal ob bei Temperaturen um die –20 °C oder über +40 °C – ohne den Tee nach dem Essen besteht Murat nur noch aus seiner schwäbischen Hälfte und ist nur noch ein halber Mensch im wahrsten Sinne des Wortes. Auch die Kids und ich trinken sehr gerne erfrischende und gesunde Getränke, egal ob als Kaltgetränke im Sommer oder eben warm und heiß im Winter.

Die Rezeptideen für Getränke lassen sich super gemeinsam mit den Kindern herstellen. Natürlich hat eine eigene Herstellung von Getränken den Vorteil, dass man die Zutaten nach dem persönlichen Geschmack selbst auswählen kann und letzten Endes einfach weiß, was man da überhaupt gerade trinkt und zu sich nimmt. Ich wünsche dir ganz viel Spaß beim Zubereiten und Nachmachen meiner ausgewählten Getränkerezepte. Noch ein kleiner Tipp zum Schluss: Mach es nicht wie Murat und lass die Teekanne stundenlang in Vergessenheit auf dem Herd köcheln.

Ayran

4 Gläser Zubereitungszeit: 5 Min.

Ayran ist ein sehr beliebtes Joghurtgetränk, welches gesalzen ist. Besonders im Sommer ist es total erfrischend. Hierbei wird Joghurt mit Wasser und Salz verarbeitet. Ich erinnere mich noch gut an meine beiden Schwangerschaften. Besonders in den Sommermonaten habe ich jeden Tag Ayran getrunken. Immer, wenn ich etwas schlapp war und keine Energie hatte, kam das türkische Kultgetränk genau richtig. In den Sommermonaten unterstützt Ayran den Körper dabei die Temperatur auszugleichen. Außerdem kann er dazu beitragen, Blähungen und Verdauungsstörungen zu lindern und auch Heißhunger zu bekämpfen.
Ayran gibt es bereits von vielen Marken fertig zu kaufen. Diese sind ziemlich praktisch, da man sie auch mitnehmen und unterwegs trinken kann. Aber auch die Zubereitung zu Hause ist ganz einfach. In vielen Restaurants wird der Ayran geschäumt serviert. Diesen trinkt man dann mit einem Löffel.

ZUTATEN:

350 g Joghurt (10 %)
300 ml Mineralwasser mit Kohlensäure
150 g Eiswürfel
¼ TL Salz
Saft von ½ Zitrone

ZUBEREITUNG:

Fülle den Joghurt mit dem Wasser, den Eiswürfeln, dem Salz und dem Zitronensaft in einen Mixer und püriere die Zutaten fein. Mir schmeckt der Ayran am besten, wenn er ganz schaumig gerührt wird. Dies gelingt beispielsweise mit einem sehr starken Blender oder auch mit einem Pürierstab, indem der Pürierstab immer wieder in den Ayran getaucht und herausgezogen wird.

Granatapfellimonade

2 Liter | Zubereitungszeit: 20 Min. | Kühlzeit: 2 Std.

Wir lieben selbstgemachte Limonade. In dieser Limonade verwende ich den exotischen Granatapfel. Wir verbringen unsere Sommerurlaube gerne in Side, in der Nähe von Antalya in der Türkei. Die Übersetzung der Stadt Side bedeutet „Granatapfel“ (türkisch: Nar). In der Antike trugen die Münzen der Stadt als Prägung den Granatapfel. Charakteristisch für den Granatapfel ist seine intensive rote Farbe und sein säuerlich-süßer Geschmack. Der Granatapfel ist reich an Eisen, Kalzium, Kalium und Vitamin C. Er hat eine positive Wirkung gegen Leberschwäche und Herz-Kreislauferkrankungen.

ZUTATEN:

2 Granatäpfel
40 g Zucker
250 ml Apfelsaft
1 Bund Minze
Saft von 1 Limette
1 Liter Mineralwasser
500 g Eiswürfel

ZUBEREITUNG:

Drücke die Granatäpfel mit deinen Händen und massiere sie, damit sich die Kerne innen etwas lösen können. Halbiere nun die Granatäpfel und halte sie mit der Innenfläche nach unten in eine große Schüssel. Klopfe nun mit einem großen Löffel oder einer Schöpfkelle auf die Schale und lasse die Kerne in die Schüssel fallen. Füge den Zucker, den Apfelsaft, die Minzblätter und den Limettensaft hinzu und zerdrücke die Granatäpfel mit den Zutaten.

Stelle diese Mischung nun für 2 Stunden in den Kühlschrank, damit sich die Aromen entfalten können.

Gieße die Limonade mit dem Mineralwasser auf und genieße sie ganz kalt mit Eiswürfeln.

Marokkanischer Minztee

2 Gläser Zubereitungszeit: 10 Min.

Neben dem türkischen Schwarztee ist der Minztee mein absoluter Favorit. Hierbei kommt aber keineswegs ein Teebeutel in Frage. Der marokkanische Minztee zeichnet sich durch seine Zubereitung aus. Die Minze wird mehrmals mit heißem Wasser übergossen, wodurch sich das Aroma bestmöglich entfalten kann. Traditionell wird der Tee sehr süß getrunken. Ich bevorzuge meine Getränke aber nur leicht oder gar nicht gesüßt. Die Zuckermenge kannst du individuell bestimmen oder den Zucker auch weglassen. Ich muss aber zugeben, dass der marokkanische Minztee mit einem Hauch Zucker am besten schmeckt. Für die Zubereitung verwendet man idealerweise marokkanische Nana-Minze. Diese wird oft in türkischen oder arabischen Supermärkten verkauft. Natürlich schmeckt der Minztee aber auch mit anderen Minzsorten, welche einfacher zu finden sind. Gerne wird als Basis grüner Tee verwendet. Darauf verzichte ich und bereite einen puren Minztee zu.

ZUTATEN:

1 Bund Minze
1 EL brauner Zucker
450 ml kochendes Wasser

ZUBEREITUNG:

Wasche die Minze gründlich und gib sie in eine Teekanne. Füge den Zucker hinzu und überbrühe die Minze mit dem kochenden Wasser. Gieße den Tee nun in ein Teeglas und fülle ihn dann wieder zurück in die Teekanne. Wiederhole diesen Vorgang etwa 5–6 Mal. So verbinden sich die Zutaten gut und das Minzaroma entfaltet sich. Außerdem werden so die Teegläser vorgewärmt.

Orangenlimonade

2 Liter | Zubereitungszeit: 25 Min. | Kühlzeit: 3 Std.

Das Aroma der Zimtstange passt hervorragend zur milden Säure der Orange. Die Limonade schmeckt dadurch fruchtig und leicht aromatisch.

ZUTATEN:

6 unbehandelte Orangen
1 Zimtstange
50 g Zucker
1½ Liter Mineralwasser
500 g Eiswürfel

Tipp:

Du kannst die Zimtstange auch nach 30 Minuten entfernen, wenn der Zimtgeschmack nicht sehr intensiv sein soll.

ZUBEREITUNG:

Wasche die Orangen heiß und schäle die orangene Schale vorsichtig mit einem Sparschäler. Achte darauf, dass der weiße Teil nicht geschält wird, da dieser bitter schmeckt.

Presse den Orangensaft aus und verrühre nun die Orangenschale, den -saft, die Zimtstange und den Zucker und koche die Mischung in einem kleinen Topf auf und lasse sie etwa 1 Minute köcheln. Ziehe den Orangensirup wieder vom Herd herunter und lasse ihn abkühlen. Stelle den Sirup dann für 3 Stunden in den Kühlschrank. Entferne die Orangenschalen und die Zimtstange und gieße den Sirup anschließend mit dem Mineralwasser auf. Serviere ihn mit Eiswürfeln.

Türkischer Tee (Çay)

8–10 Tassen Tee Zubereitungszeit: 20 Min.

Der Schwarztee wird aus den getrockneten Blättern des Teestrauchs gewonnen. Wir verwenden gerne Ceylon Tee, der aus Sri Lanka stammt. Der Tee sollte kühl, luftdicht und trocken gelagert werden und ist so bis zu 18 Monaten haltbar. Schwarztee enthält Koffein, daher sollten Kinder keinen Schwarztee konsumieren. Der Schwarztee sollte nicht in Verbindung mit eisenhaltigen Lebensmitteln konsumiert werden, weil durch den Schwarztee die Eisenaufnahme in den Körper erschwert wird. Für die Zubereitung verwenden wir eine türkische Teekanne. Diese zeichnet sich dadurch aus, dass sie zwei Behälter hat. Einen unteren, der mit Wasser gefüllt wird und einen oberen, worin der Tee als Teekonzentrat zubereitet wird. Die Teekanne wird auf dem Herd oder auf einem Stövchen warmgehalten. Ich trinke den Tee gerne etwas milder, mein Papa hingegen etwas stärker. Somit kann die Teekonzentration mithilfe der beiden Teekannen individuell bestimmt werden.

ZUTATEN:

3–4 EL Schwarztee (Ceylon)
kochendes Wasser

ZUBEREITUNG:

Lasse das Wasser in der Teekanne aufkochen. Fülle die Teeblätter in die kleine Karaffe ein. Wasche die Teeblätter mit kaltem Wasser aus und gieße das Wasser ab. Lasse das kochende Wasser ganz kurz stehen, so dass es nicht mehr sprudelnd kocht und auf etwa 95 °C abkühlt. Übergieße nun die Teeblätter mit dem heißen Wasser, so dass sie genügend Wasser zum Schwimmen haben. Fülle den unteren Teil der Teekanne erneut mit Wasser und lasse es aufkochen. Stelle den Herd auf niedrige bis mittlere Stufe und lasse das Wasser unten leicht köcheln. Nach etwa 15 Minuten ist der Tee servierbereit. Die Teeblätter bleiben hierbei im Wasser und werden nicht abgegossen. Der Tee wird dadurch nicht bitter. Verwende nun je nach Belieben etwa ein Fünftel des Teekonzentrates und gieße es mit vier Fünfteln Wasser auf.

Ich trinke den Tee gerne ohne Zucker. Murat liebt ihn leicht süß. Auch die Zugabe einer Zitronenscheibe ist möglich.

Im Schlossgarten Schwetzingen.

Der Murat

Hallo liebe Sally Zuschauer und Eigentümer dieses Buches :)

Das sind die letzten Seiten des Buches und ich darf mich laut unserem Familienanwalt hier verewigen 😊 Wieder hat Sally mit ihrem Team versucht dies zu verhindern - und wieder sind sie gescheitert 😊 (Ich danke meinem Anwalt Herrn Welte für seine Unterstützung).

Lieber Leser, im Übrigen kannst du das Buch auch nicht mehr zurückgeben - denn du hast es zu Ende gelesen. Versuch doch mal dich beim Kellner zu beschweren, wenn du nur noch 20 g deines ehemals 300 g T-Bone Steaks gegessen hat 😉 Also nimm es mit Würde und lies, was ich zu erzählen habe. 😊

„Sally", so nennen sie die meisten. Aber meine Frau heißt ja eigentlich „Saliha" und „Sally" ist nicht ihr Künstlername, sondern ihr Spitzname seit ihrer Schulzeit. Und das Unglaubliche an der Geschichte ist ja, dass ich den Namen meiner Frau nicht richtig aussprechen kann. Das ist wirklich kein Scherz, sondern Tatsache 😟 Beim Aussprechen ihres Namens „Saliha" verdreht es mir einfach die Zunge. Keine Ahnung warum. Für mich heißt sie einfach nur „Sally" - auch des Friedenswillens. (Sie sagt ich würde das „S" in ihrem Namen als stimmhaftes S sprechen. Und eigentlich sei es kein Fehler, denn viele Wörter im Deutschen, die mit einem „S" beginnen, würden stimmhaft gesprochen werden. Wie beispielsweise bei „Sonne", „Sahne", „Seele" oder „Sirene". Aber nicht in ihrem Namen. Bei ihrem Namen wird das „S" wie bei „Service" stimmlos gesprochen. Und vor allem wird die erste Silbe, also das „Sa" von „Saliha" betont.) Ich weiß, es klingt absurd den Namen seiner Frau nicht aussprechen zu können. Sie hat es mir immer und immer wieder erklärt. Das gleiche passiert mir sonst nur beim Wort „Einkommenssteuererklärungen", nur dass es mir dabei noch zusätzlich schlecht wird.

Sally hat ihren Spitznamen schon seit der 5. Klasse und hatte ihn somit auch bei den Anfängen ihrer YouTube-Zeit. Das Schöne daran war einfach, dass niemand sie in eine Schublade stecken konnte, was Menschen aufgrund ihrer Vorurteile sehr gerne tun. Niemand wusste, ob sie Türkin, Deutsche, Amerikanerin, Engländerin, oder was auch immer ist 😊 Das war so nicht bewusst geplant, aber im Nachhinein betrachtet ein genialer Marketing-Schachzug des Zufalls. Solche Zufälle und Begegnungen begleiteten Sally schon von den Anfängen bis heute. Manchmal meint es das Leben und der liebe Herr einfach gut mit ihr. Nur zu der Zeit, als sie mich kennenlernte und heiratete, etwa 4 Monate lagen dazwischen, hatte der Herr mit der weltweiten Finanzkrise zu tun. „Glück gehabt" würde ich heute behaupten – denn ich habe einen seltenen Moment der Ablenkung genutzt. Ich kann also behaupten der Gewinner der weltweiten Finanzkrise zu sein. Wahnsinn, welche Zusammenhänge es geben kann, oder? So konnte Sally ihren Kanal in Ruhe starten, ohne Nebengeräusche in Kommentaren wie: „Mach doch mal Döner!", „Fastest du nicht?", „Feiert ihr Weihnachten?", „Warum trägst du kein Kopftuch?", und so weiter… Wobei Sally ihre Herkunft nie bewusst versteckt hat, denn türkische Rezepte stellte sie schon immer gerne vor. Verraten hat Sally eigentlich unsere kleine Tochter Samira, die eines Tages vor die Linse sprang und türkische Vokabeln trällerte 😊

Wir genießen es förmlich beide Kulturen und beide Herzen in uns zu tragen. Wir sind Daywalker, wie in diesem Film „Blade“: halb Mensch halb Vampir. Du kennst diesen Film nicht? Kein Problem! Das sagt mir persönlich nur, dass in deinem Leben alles in Ordnung ist oder deine Eltern Lehrer sind und du vielleicht eine Waldorfschule besucht hast ❤️ Wir passen uns zur gegebenen Zeit an und können vermitteln. Nicht, weil wir müssen, sondern weil wir es wollen. Beide Seiten sind uns wichtig, obwohl wir überall als Fremd angesehen werden. 😟 Bei meinem ersten Kreditantrag war die erste Frage des Bankers, ob ich einen Dönerladen oder einen Gemüsehandel aufmachen möchte 😂 Er arbeitet übrigens seit der Finanzkrise (siehe oben) in der Waschanlage und fragt mich jetzt: „Programm 2 oder 4?“.

In der Türkei haben wir auch schon Ausgrenzungen erlebt. Das scheint kein Problem der Kultur oder der Nationalität zu sein, sondern eine Frage der Erziehung und des Bildungstandes. „Mir egal“ sage ich heute nur.... Hauptsache es gibt Spätzle oder Döner mit Soße 😉

Das Buch mit dem Titel „türkische Küche" kommt momentan zu einem denkbar ungünstigen Zeitpunkt . Die Beziehung zwischen der Türkei und Deutschland sind aufgrund des Populismus beider Seiten auf dem Tiefpunkt 😟 Es könnte ja sein, dass dieses Buch von deutscher Seite jemand boykottieren möchte 😟 Es ist doch ein türkisches Rezeptbuch? Oder die Türken boykottieren es, weil es Deutsch geschrieben ist? Oder Fans von Schalke 04 boykottieren es, weil sie wissen, dass der Mann von Sally Dortmund-Fan ist, um wenigstens ein Erfolgserlebnis im Leben zu haben. Oder Fanatiker des Thermomix-Verbandes boykottieren es, weil sie das Fleisch nicht pürieren und anbraten können? Keine Ahnung - ihr merkt also, es gibt so viele Gründe dieses Buch zu boykottieren 😟 Deswegen ist der Zeitpunkt für mich egal geworden.

Die anderen Gründe, warum dieses Buch und der Titel so heikel sind, hat Sally schon im Buch vorne beschrieben. Die Türken sind aufgrund ihrer Geschichte ein Mischvolk. Das ist nicht negativ zu werten, sondern ist vielmehr positiv gemeint und zeigt die absolute Vielfältigkeit der wahren türkischen Küche. (Man muss ja heute aufpassen, was man schreibt, sonst... Ihr wisst schon: auch in der Türkei gibt es IKEA und schwedische Gardinen. Die türkische, osmanische, mediterrane Küche - nenne es, wie du willst, ist einfach großartig und zeigt alles aus allen Kulturen rund um die heutige Türkei. Meine Bedenken waren einfach, dass Menschen Dinge schreiben wie:

... Das ist nicht türkisch!
... Das macht meine Mutter anders!
... Das hat Sally nicht erfunden!
... Das kommt aus dem Libanon, aus Griechenland, aus Marokko, usw.!
... Ist Miracoli schon fertig?

Manchmal stelle ich mir wirklich die Frage, ob diese Menschen wirklich jemals mit dem Problem einer Einkommensteuererklärung zu tun hatten. Mit den Schwiegereltern gemeinsam im Aufzug zu stehen und Blähungen zu haben – DAS sind richtige Probleme. Aber doch nicht banale Dinge, wie die Frage wo etwas herkommt oder wer etwas gemacht hat. Da streiten sich die Menschen verschiedener Nationen miteinander unter den Videos 😟 Genial sind auch Kommentare wie: „Ihr Deutschen macht alles kaputt!" 😂 Ich mache mir dann Popcorn, lege die Zeitung weg und amüsiere mich dann ein wenig und lese einfach Kommentare 😂 Manchmal kannst du auch ein Schwein sein, lieber Leser – auch als Moslem 😊 Hauptsache ist, dass es dir schmeckt und mehr zählt einfach nicht ❤️

Egal wo du nun herkommst, egal an was du glaubst, sogar wenn du nicht kochen und backen kannst und einen Thermomix besitzt: bei uns bist du immer willkommen. Wir feiern alle Feste wie sie fallen, egal ob Ramadan, Weihnachten, Opferfest, Ostern, usw. Bei uns bist du Weltbürger und einfach MENSCH!

Wir sollten uns nicht nur tolerieren, sondern viel mehr respektieren und das fängt schon beim Essen und der Esskultur an 😊

Bis zum nächsten Mal

Euer Murat
Beschder von Welt

Mit den Chefköchen
im Restaurant ELIA in Side.

Mit Mama und Opa macht das
Schach oder Dame Spielen
besonders Spaß.

In der Altstadt
Antalyas „Kaleiçi“

Sallystortenwelt©
Agathe-Heim-Straße 30
D-78727 Oberndorf

www.sallyswelt.de
www.sallys-shop.de

1. Auflage 2017

Für die gedruckte Ausgabe:

www.aecht-haerter.de
www.haerterkinderbuch.de

Druck & Bindung:
abcdruck GmbH

ISBN 978-3-942906-29-6

Text und Rezepte:
Saliha Özcan | Sallys® | www.sallyswelt.de

Grafische Gestaltung, Satz und Coverdesign:
Bettina Lipfert

Fotografie:
Marius Stark | www.mariusstark-photography.de

Fotografie in der Türkei:
Reyhan Meral | http://www.reyhanmeral.com

100 % Made in Germany